Como Aumentar Suas Chances Contra o
CÂNCER

*Evitando o desenvolvimento
de uma doença potencialmente fatal.*

John F. Potter

Como Aumentar Suas Chances Contra o
CÂNCER

*Evitando o desenvolvimento
de uma doença potencialmente fatal.*

Tradução:
Dr. Carlos Henrique de Araujo Cosendey

MADRAS

Do Original: How to Improve Your Odds Against Cancer
© 1998 by John F. Potter
Tradução autorizada do inglês.
Direitos exclusivos para todos os países de língua portuguesa.
© 1999 by Madras Editora Ltda.

Supervisão Editorial e Coordenação Geral:
Wagner Veneziani Costa

Produção e Capa:
Equipe Técnica Madras

Ilustrações internas:
Vicki Heil

Tradução:
Dr. Carlos Henrique de Araujo Cosendey

Revisão:
Marilia Rodela

ISBN 85-7374-177-5

Proibida a reprodução total ou parcial desta obra, de qualquer forma ou por qualquer meio eletrônico, mecânico, inclusive por meio de processos xerográficos, sem permissão expressa do editor (Lei nº 9.610, de 19.2.98).

Todos os direitos desta edição reservados pela

MADRAS EDITORA LTDA.
Rua Paulo Gonçalves, 88 — Santana
02403-020 — São Paulo — SP
Caixa Postal 12299 — CEP 02098-970 — SP
Tel.: (011) 6959.1127 — Fax: (011) 6959.3090
http://www.madras.com.br

Dedico este livro com apreço à minha esposa, Tanya, aos meus filhos e seus conjugues Tanya e Howard Adler, Muffie e Sherrell Aston, Gaye e John Potter, e à nossa neta Alexandra Adler.

Índice

Apresentação 11
Prefácio 13
Estudos de Casos 15
Introdução 21

Capítulo 1
— A Magnitude do Problema 25

Capítulo 2
— A Biologia do Câncer 28
    Estadiamento 31

Capítulo 3
— Um Pouco de Prevenção 35

Capítulo 4
— Você, Seus Genes e o Câncer 37
    O Genoma 38
    Brca1 e Brca2 40
    Câncer Colorretal Familiar 44
    Conclusões 46

Capítulo 5
— Fumo e Câncer 47
    Como Parar de Fumar 50

Capítulo 6
— Álcool e Câncer 53

Capítulo 7
— Dieta & Nutrição 56
    Vitaminas 58
    Orientações Para Sua Dieta 61

Capítulo 8
— Sol e Câncer 62

Capítulo 9
— Substâncias Químicas e Câncer 67

Capítulo 10
— Canceres Sexualmente Transmissíveis 72
    Câncer da Cérvice Uterina 72
    Sarcoma de Kaposi 75

Capítulo 11
— Raios X e Câncer 77

Capítulo 12
— Fármacos e Câncer 82
    Outros Fármacos 88
    Conseqüências Práticas 88

Capítulo 13
— Raça, Etnia e Câncer 90
    Conclusão 92

Capítulo 14
— A Psicologia da Prevenção do Câncer 94

Capítulo 15
— Como Detectar o Câncer Numa Fase Precoce 97

Capítulo 16
— Recomendações para a Detecção do Câncer
nas Pessoas Assintomáticas 101

Capítulo 17
— Auto-exame para Detectar Câncer 113
    Câncer de Pele 114
    Mama 118
    Câncer Intra-oral 127
    Câncer de Glândulas Salivares 133
    Câncer da Glândula Tireóide 134
    Câncer dos Gânglios Linfáticos 137
    Câncer dos Testículos 139

Capítulo 18
— A Psicologia da Detecção do Câncer 141

Capítulo 19
— Sinais de Alerta do Câncer 144

Capítulo 20
— "Sim, Você Está Com Câncer" 146
    A Importância das Suas Decisões 147

Capítulo 21
— Você e a Sociedade 159

Capítulo 22
— Conclusões Finais 162

Capítulo 23
— Comentários sobre o Acompanhamento 164

Capítulo 24
— E no Futuro 168

Apêndice 1 — Dietas para Reduzir o Risco de Câncer 172
Apêndice 2 — Serviços de Informação sobre Câncer 175
Apêndice 3 — Departamentos da Sociedade Americana do Câncer .. 176
Apêndice 4 — Centros de Oncologia Geral 180
Apêndice 5 — Programas de Câncer Reconhecidos 183
Apêndice 6 — Associação Brasileira de Instituições Filantrópicas
                de Combate ao Câncer 211

Glossário 215

Apresentação

A assistência aos pacientes com câncer tem suas recompensas e desilusões. Isso geralmente realça a falta de conscientização pública acerca das medidas pessoais, que poderiam ter evitado ou pelo menos facilitado a cura dessa doença. Nesse sentido, o Dr. Potter tem larga experiência em lidar com as questões referentes aos pacientes e seus familiares.

Sua experiência como médico e professor desenvolveu-lhe as habilidades necessárias para escrever um guia de saúde conciso, claro e responsável para as pessoas leigas, que desejam informar-se sobre essa doença temível. Suas explicações sobre a doença e seu comportamento foram a estrutura para as seções subseqüentes, que apresentam conselhos práticos sobre prevenção, rastreamento, sintomas iniciais e vantagens do diagnóstico precoce. Os capítulos dedicados às várias estratégias de prevenção esclarecem algumas das controvérsias e desinformações, que são difundidas comumente nos jornais e revistas da atualidade. O tema básico é que existem muitas adaptações no estilo de vida e nos cuidados com a saúde, que são facilmente exeqüíveis e podem reduzir o risco de uma pessoa morrer de câncer.

Nas primeiras páginas do livro, o leitor entrará em contato com dois casos ilustrativos de pacientes que descobriram estar com câncer; esses casos foram revistos no final do livro, a fim de oferecer uma perspectiva sobre a assistência e o prognóstico de longo prazo. Esses casos clínicos permitem uma comparação dos resultados conseguidos com as práticas de saúde positivas e a assistência adequada ao câncer e a tragédia de alguns casos, resultantes da falta de informações ou da demora em tomar as medidas necessárias. Por fim, os médicos que não são especialistas em oncologia podem descobrir que os capítulos sobre prevenção e rastreamento constituem fontes de informações úteis e claras, que podem ser incorporadas em suas discussões e recomendações aos pacientes que buscam orientação sobre questões de saúde.

ALBERT F. LOBUGLIO, M.D.
Director, Comprehensive Cancer Center
Evaline B. Spencer Professor of Oncology
Associate Dean, School of Medicine
University of Alabama Birmingham

Prefácio

Hoje em dia, o câncer acomete e mata mais americanos do que em nenhuma outra época. Nesse ano, mais de 1.300 mil americanos desenvolveram câncer e 560 mil morreram por causa dessa doença. Esses dados são lastimáveis. A maior ironia dessa situação é que milhares dessas vítimas jamais deveriam ter desenvolvido câncer e as pessoas que tiveram a doença deveriam tê-la detectado num estágio precoce, quando as chances de cura eram maiores. Para os médicos, todas as mortes são angustiantes, mas o sofrimento e a morte desnecessários são particularmente dolorosos.

Como cirurgião oncológico, tenho acompanhado os estragos que o câncer pode produzir. Felizmente, também posso dizer-lhe com certeza que você pode diminuir suas chances de desenvolver câncer, adotando um padrão de vida saudável. Essa doença também pode ser detectada precocemente pelo auto-exame da sua pele, tecidos intra-orais, mama, testículos e outros órgãos. Você pode melhorar ainda mais seu prognóstico programando exames periódicos para detectar câncer com seu médico. Além disto, você pode consultar o *web site* da *Lifetime Books* em Lifetimebooks.com, onde eu apresento as informações mais atualizadas sobre câncer, revisadas trimestralmente.

O primeiro tratamento do câncer é o mais importante, pois ele oferece as maiores chances de que você venha a ser curado. Isso é válido para o tratamento inicial por cirurgia, radioterapia ou quimioterapia. Portanto, é fundamental que seu primeiro tratamento esteja baseado nos conhecimentos científicos mais modernos e seja realizado rigorosamente. Este livro oferece algumas recomendações sobre como conseguir esse tratamento.

Estudo de Casos

Susan Webster estava fazendo seu auto-exame mensal das mamas, quando sentiu um caroço. De início ela pensou e teve esperança de que estivesse errada. Mais uma vez, examinou a região superior da sua mama esquerda. Dessa vez, mais lentamente, Susan passou a mão sobre a superfície da pele e também sentiu um endurecimento, um espessamento ou sensação de resistência nessa região. Ela não sentia dor ou desconforto quando comprimia o caroço, que era muito pequeno — media menos de 1,5 centímetro de diâmetro. Susan repetiu o exame várias vezes.

Algumas vezes, quando não conseguia palpar o nódulo, Susan sentia-se muito esperançosa de que estivesse errada. Contudo, depois de cinco minutos fazendo o auto-exame cuidadoso, chegou à conclusão de que havia alguma coisa errada com sua mama que até então não tinha percebido.

Nessa ocasião, Susan tinha 33 anos e era contadora de uma firma de contabilidade de âmbito nacional. Ela era solteira e nunca tinha engravidado. Já que seu médico certa vez lhe havia alertado sobre o câncer de mama, Susan não detectou esse caroço na sua mama por acaso. Sua mãe havia desenvolvido câncer de mama em torno dos 55 anos e por fim morreu por causa da doença. Nessa ocasião, o médico de Susan avisou-lhe de que ela corria um risco ligeiramente maior de desenvolver câncer de mama do que as mulheres em geral, já que sua mãe havia sido vencida pela doença. O médico recomendou a realização mensal do auto-exame das mamas e sugeriu que ela fizesse um exame anual das mamas com seu médico. Oito anos antes de Susan detectar esse caroço, com alguma surpresa ela descobriu que tinha doença fibrocística. Essa condição benigna é caracterizada por espessamentos nodulares macios nas mamas. Com o passar dos meses e anos, Susan tornou-se muito familiarizada com esses nódulos. Afora um discreto grau de desconforto pouco antes das menstruações, essa condição não lhe causava qualquer dificuldade ou preocupação. Portanto, foi com alguma surpresa — e até mesmo com certo grau de desconfiança clínica — que Susan percebeu uma alteração estranha em sua mama.

Entretanto, essa indiferença logo foi afastada e a ansiedade de Susan aumentou. Ela não conseguia acreditar e era incapaz de aceitar que isso estivesse acontecendo. Susan sabia que milhares de mulheres tinham caroços nas mamas e que a grande maioria era benigna. A partir da doença de sua mãe, ela tinha demonstrado grande interesse acerca do câncer de mama e sabia que as chances estavam ao seu favor.

Embora dissesse para si própria que o caroço provavelmente não era algo importante, Susan não perdeu tempo em marcar uma consulta com seu médico, o mesmo clínico geral que vinha cuidando dela há muitos anos. Numa consulta realizada na tarde desse mesmo dia, o médico examinou suas mamas cuidadosamente. Ele achou que tinha detectado um tumor pequeno na mama, que era diferente dos nódulos da doença fibrocística. Já que ele não tinha certeza disso, pediu que Susan fosse avaliada por um cirurgião.

Na manhã seguinte, Susan foi atendida pelo cirurgião. Ele tinha certeza de que havia um tumor na mama e que o mais recomendável era retirá-lo. O médico programou uma biópsia, que foi realizada sob anestesia local em nível ambulatorial. Além disto, solicitou mamografias das mamas e uma ultra-sonografia da mama esquerda, onde se localizava a massa. Esses exames foram solicitados para determinar se o caroço era cístico, o que poderia eliminar a necessidade de cirurgia, ou sólido, o que tornaria a operação obrigatória. A mamografia também poderia dizer se havia outras lesões impalpáveis, que deveriam ser estudadas com mais detalhes.

Embora a mamografia revelasse doença fibrocística, o radiologista não conseguiu detectar qualquer lesão específica na área em que se localizava o tumor. A ultra-sonografia não detectou coisa alguma.

Dois dias depois do exame, Susan procurou o setor de internações de um hospital das vizinhanças às 7 horas. Ela havia permanecido em jejum durante a noite anterior. A paciente foi examinada por um residente de cirurgia e pelo anestesiologista, antes de ser levada ao centro cirúrgico, onde foi instalada uma linha intravenosa. O anestesiologista aplicou-lhe um sedativo venoso e o cirurgião injetou anestésico local em torno do tumor. O médico fez uma incisão pequena e retirou o tumor junto com uma pequena área de tecido mamário normal. Esse tecido foi enviado ao patologista para exame imediato em corte congelado. Alguns minutos depois, o patologista entrou no centro cirúrgico. O diagnóstico era carcinoma-câncer ductal infiltrante da mama.

O cirurgião procurou Susan depois da operação para explicar que havia sido retirado um câncer pequeno, medindo menos de 1,5 centímetro de diâmetro. O médico explicou que não havia qualquer evidência de disseminação e que as chances de cura para uma paciente com tumor dessa dimensão eram muito boas. No entanto, era necessário realizar tratamento adicional da mama, seja pela cirurgia ou pela combinação de cirurgia com radioterapia. O médico explicou cuidadosamente essas opções de tratamento a Susan. Ela poderia fazer uma mastectomia radical modificada, na qual a mama e os gânglios linfáticos da axila são retirados, ou poderia optar pela nodulectomia — retirada de mais tecidos em torno do câncer de mama e ressecção dos gânglios linfáticos da axila com radioterapia subseqüente da mama. Se ela preferisse a mastectomia, poderia fazer a reconstrução plástica da mama na mesma operação de mastectomia. O resultado estético final seria muito bom - a maioria das pacientes ficava muito satisfeita.

O cirurgião recomendou que Susan consultasse um radioterapeuta para conhecer os detalhes desse tratamento e alguns dos seus efeitos colaterais e complicações. Ela fez isso. Os dois especialistas concordavam em que as chances de cura eram as mesmas com a mastectomia e a cirurgia conservadora com opções de radioterapia. Além disto, nem o tamanho do seu tumor, nem suas características patológicas específicas, tornavam a mastectomia obrigatória.

Depois de pensar sobre isso durante alguns dias, Susan optou pela nodulectomia com dissecção ganglionar e radioterapia. Na internação hospitalar subseqüente, essa operação foi realizada sob anestesia geral. Vinte gânglios linfáticos foram retirados e nenhum tinha câncer metastático. Susan voltou ao trabalho em dez dias e sentia-se muito bem.

• • •

Até onde conseguia lembrar-se, a dor que por fim levou Todd McCormick a procurar seu médico tinha começado há cerca de cinco ou seis meses. De início, ele percebeu um desconforto vago na parte interna da boca, próximo da sua mandíbula inferior. Durante algumas semanas, Todd deu pouca atenção a esse sintoma.

Tendo em vista que o desconforto persistia e tornou-se mais incomodo, Todd começou a usar aspirina para aliviar a dor, que se tornava particularmente difícil de suportar durante a deglutição. À medida em que as semanas e meses passavam, ele aumentava progressivamente a dose de aspirina usada; por fim, começou a tomar comprimidos de codeína, que tinham sobrado do seu filho, que havia sofrido um acidente de esqui no inverno passado. Finalmente, Todd sentiu necessidade de usar aspirina, codeína e uma pequena dose de uísque para dormir à noite.

Esses sintomas estavam presentes há cerca de quatro meses, quando notou que, ao levantar o queixo para se barbear, havia um caroço no pescoço, pouco abaixo do osso da mandíbula. Essa foi a gota d'água para sua esposa, que vinha insistindo para que Todd procurasse seu médico há algumas semanas. Ela assumiu o controle da situação e marcou uma consulta com o médico — consulta à qual Todd compareceu.

Todd tinha 58 anos e trabalhava como representante de vendas numa grande fábrica de aviões. Ele tinha começado a fumar na adolescência e, durante os estudos universitários, começou a beber cerveja. Todd tinha muito orgulho da sua reputação de ser alguém que conseguia resistir aos efeitos da bebida. Depois de formar-se e nos primeiros anos da vida adulta, continuou bebendo e fumando. Na época em que descobriu o caroço no pescoço, estava fumando cerca de um maço e meio de cigarros com filtros por dia e seu consumo de álcool era considerável. Durante seus almoços de negócios, que eram muito freqüentes, bebia um ou dois martinis e enquanto dirigia de volta para casa, ansiava pelos drinques que tomava antes do jantar. Nos primeiros anos do seu casamento, Todd convenceu sua esposa a deixar preparada uma jarra de martinis, para quando ele chegasse em casa. Contudo, nos últimos anos, sua mulher pediu que ele abandonasse esse hábito e deixou de preparar seus drinques. Todd continuou a beber dois drinques antes do jantar e um copo de cerveja ou vinho durante sua última refeição da noite. Com muita freqüência, ele também tomava uma bebida antes de dormir. Já que Todd nunca ficava perceptivelmente alcoolizado durante o trabalho ou qualquer encontro social, nem jamais havia perdido dias de trabalho por causa da bebida, embora freqüentemente chegasse atrasado no escritório pela manhã e realmente não conseguisse produzir muito depois de um almoço de negócios, ele acreditava que tinha boa saúde e raramente procurava seu médico.

Quando Todd por fim compareceu à consulta, seu médico detectou um tumor volumoso no lado esquerdo da sua língua, na parte posterior da boca. Esse tumor media cerca de 7 centímetros de comprimento e 4 centímetros de largura. O médico notou que a lesão estendia-se da língua aos tecidos do assoalho da boca e, em seguida, invadia o osso da mandíbula inferior. O caroço que Todd havia descoberto no espelho, enquanto se barbeava, era um gânglio linfático de 4 centímetros, que o médico achou que estivesse invadido pelo câncer metastático.

A biópsia dos tecidos intra-orais detectou um carcinoma espinocelular. Todd foi atendido e avaliado por um cirurgião especializado em cirurgia da cabeça e do pescoço e por um radioterapeuta. Ambos compreenderam que o prognóstico de um tumor desse tamanho e dessa extensão não era favorável. Depois de uma discussão considerável, todas as partes decidiram que seria necessário realizar uma operação radical. Todd foi avisado quanto à natureza e gravidade da sua doença e informado sinceramente de que o prognóstico não era promissor. No entanto, nenhuma evidência indica que houvesse disseminação do tumor e ainda havia possibilidade de cura.

Durante a cirurgia, os tecidos do lado esquerdo do pescoço foram retirados, inclusive a veia jugular interna e os gânglios linfáticos. Também foram retiradas partes da mandíbula, língua e assoalho da boca, que se encontravam invadidos pelo câncer. O paciente foi submetido a uma traqueostomia, na qual se instalou um orifício artificial na garganta para facilitar a respiração, durante os primeiros dias depois da operação.

Todd recuperou-se rapidamente dessa operação extensiva. Ele começou a andar no dia seguinte e foi alimentado por uma sonda colocada no estômago. Seu período de convalescência foi bom e, depois de alguns dias, os tubos de alimentação e respiração foram retirados.

Entretanto, o resultado da patologia recebido alguns dias depois da operação foi desolador. As células cancerosas estavam disseminadas para os gânglios linfáticos do espécime. O gânglio volumoso que havia sido palpado no pescoço e outros quatro gânglios estavam acometidos pelo câncer. A cápsula do gânglio linfático volumoso havia sido invadida e destruída pelas células neoplásicas.

O prognóstico de Todd não era bom. Depois de algumas discussões, chegou-se à conclusão de que as chances de recidiva eram grandes e que o paciente deveria iniciar radioterapia coadjuvante, logo depois que as feridas cirúrgicas estivessem cicatrizadas. Todd concluiu esse ciclo de radioterapia, que evoluiu sem complicações significativas, embora ficasse incomodado pela inflamação da mucosa oral. Felizmente, essa reação não persistiu por muito tempo. Embora seu paladar tivesse sido reduzido pelos tratamentos recebidos, Todd estava ingerindo uma dieta branda sem dificuldades. Tendo em vista que sua fala e capacidade de deglutir também eram satisfatórias, ele voltou a trabalhar sentindo-se perfeitamente bem.

Introdução

Há uma grande diferença entre as vidas das pessoas que não conseguiram uma resposta satisfatória com o tratamento do câncer e dos indivíduos que nunca tiveram a doença, ou que foram tratados com sucesso. Na experiência humana, há alguns casos em que as penalidades impostas a um grupo são muito graves, em comparação com outro grupo mais afortunado.

Milhões de americanos não melhoram com o tratamento do câncer. O preço que precisam pagar é muito alto. Em geral, as mortes são lentas e acompanhadas de dor. Freqüentemente, essa dor é excruciante e inexorável. Ao mesmo tempo, as vítimas da doença experimentam uma perda gradativa e irreversível da força e das funções orgânicas. Agravando esses sofrimentos físicos, há a angústia emocional que tal condição impõe — e esse pode ser o pior de todos os males. Esses pacientes estão conscientes de sua doença e seu prognóstico e sofrem intensamente por terem tal conhecimento. Os familiares e amigos da vítima do câncer compartilham dessa carga emocional opressiva. Uma consideração mundana, embora também importante, são as perdas financeiras que a doença acarreta, especialmente quando o paciente for o arrimo da família. Por fim, morrer de câncer é um processo que esgota totalmente o paciente e sua família.

As pessoas que não desenvolveram câncer, ou que não lidaram com a doença em seus familiares mais próximos, são minoria em nosso país e realmente são felizardos. Quase tão felizes são aqueles que tiveram câncer, mas venceram a doença graças ao tratamento bem-sucedido. Milhões de americanos foram curados do câncer e gozam de perfeita saúde hoje em dia. Embora tenham pago preços relativamente menores e temporários pela dor e incapacidade, essas penalidades fazem parte do passado e agora eles têm vidas produtivas e normais.

No passado, o conhecimento sobre a natureza do câncer era ínfimo. Alguns acreditavam que a doença fosse um componente inevitável do processo de envelhecimento. Esse conceito nutria uma sensação de fatalidade em torno do câncer; sua causa era desconhecida e a escolha das vítimas era aleatória e inescrutável. Nada poderia ser feito para alterar essa realidade.

As pesquisas biomédicas realizadas nas últimas décadas destruíram esses mitos. Embora as causas e os mecanismos exatos do câncer ainda não sejam conhecidos, nossos conhecimentos sobre a doença aumentaram significativamente. Longe de sermos vítimas indefesas de um destino inexorável, agora sabemos que a maioria dos cânceres é causada por fatores ambientais e, portanto, pode ser evitada.

Se o indivíduo desenvolver um câncer, sua detecção precoce tem importância fundamental. Esse diagnóstico precoce aumenta significativamente as possibilidades de cura e reduz os sofrimentos pelos quais o paciente precisa passar. A agressividade e duração do tratamento podem ser menores para os tumores em estágio inicial e a incapacidade e perda funcional também são atenuadas. Por fim, os custos financeiros para o paciente e sua família são muito menores.

O estímulo para escrever este livro deve-se ao meu contato extremamente freqüente com pacientes, cujos cânceres poderiam ter sido evitados, ou cujos tumores poderiam ter sido detectados num estágio mais precoce do seu desenvolvimento. É uma experiência angustiante ver o sofrimento de um paciente com câncer, que sucumbe pela doença, apesar da melhor assistência médica possível; mais trágico ainda é presenciar uma morte que jamais deveria ter ocorrido — nos casos em que o câncer não teria sido adquirido, ou teria sido detectado num estágio em que a cura fosse provável.

Este livro foi escrito para ajudar pessoas leigas. Em suas páginas, você saberá o que pode fazer para aumentar suas chances contra a doença, como a evitar e como a detectar numa fase precoce. Além disto, o livro diz o que você pode fazer para melhorar sua própria saúde, hoje e no futuro.

É importante que eu diga de início e com firmeza, que existem alguns tipos de câncer pelos quais pouco pode ser feito. Não sabemos como evitar algumas formas dessa doença. Além disto, em alguns órgãos, não somos capazes de detectar os tumores precocemente, apesar dos nossos melhores esforços; é comum encontrar pacientes cujos primeiros sintomas aparecem numa fase em que a doença é incurável.

No entanto, ainda restam muitas oportunidades de melhorar seu prognóstico de saúde, através das ações de prevenção e detecção. Este livro enfatiza os cânceres mais comuns, que matam a maioria das pessoas e contra os quais se podem tomar medidas eficazes. Acredito que os esforços de prevenção e detecção poderiam influenciar a evolução de cerca de 80 por cento das 1.382.400 pessoas que desenvolverão câncer nesse ano, apenas nos Estados Unidos. Mais de um milhão de pessoas podem tomar medidas eficazes visando melhorar seu prognóstico de saúde.

Por certo, você está consciente do compromisso sem precedentes assumido pelos americanos, que se manifestam através dos seus congressistas, para erradicar a praga do câncer. O apoio resultante oferecido para as pesquisas básicas e clínicas tem resultado em novas descobertas acerca da natureza da doença. Por sua vez, essas descobertas têm proporcionado progressos ininterruptos dos índices de sobrevida do câncer. Hoje em dia, quase 50 por cento de todos os pacientes que desenvolverem formas graves de câncer serão curados. Isso significa um progresso impressionante. Entretanto, a prevenção da doença é nosso objetivo primordial. Se a prevenção não for possível, a detecção precoce ampliará os índices de cura.

Embora existam muitos motivos para temer essa doença, a ironia da situação é que o conhecimento capaz de melhorar significativamente seu prognóstico já está disponível. Entretanto, muitas pessoas não estão aproveitando as vantagens oferecidas pelos progressos científicos. Para evitar esses erros, você pode abrir as portas ao sucesso com as chaves do conhecimento e da implementação de medidas positivas. Este livro foi escrito para ajudá-lo a virar o jogo a seu favor — para aumentar suas chances contra o câncer.

Capítulo 1

A Magnitude do Problema

De uma forma ou de outra, o câncer por certo tem influenciado a vida de todos os americanos. Por experiência pessoal, você sabe que, numa freqüência por demais amiúde, o câncer está acometendo a si próprio ou aos membros da sua família, seus amigos ou seus familiares. Em nível nacional, a extensão desse problema não é menos inquietante.

A Sociedade Americana do Câncer definiu o alcance dessa doença. Seus dados fornecem um quadro muito sombrio:

- Cerca da metade dos homens americanos e um terço de todas as mulheres americanas desenvolverão, por fim, algum tipo de câncer invasivo.
- Três dentre quatro famílias americanas experimentarão, em alguma época, o trauma emocional do câncer.
- Hoje em dia, 7.4 milhões de americanos já desenvolveram — ou têm na atualidade — algum tipo de câncer.
- Em 1997, cerca de 1,3 milhão de pessoas foram diagnosticadas pela primeira vez como portadoras de formas significativas de câncer; esse número não inclui os 900 mil casos de carcinomas cutâneos espinocelulares e basocelulares facilmente curáveis.

- As estatísticas de mortalidade por câncer também são muito preocupantes. Em 1998, cerca de 560 mil americanos morrerão por causa dessa doença; isso significa 1.500 pessoas por dia, ou um americano a cada minuto.
- O número de óbitos por câncer continua aumentando sem parar. Em 1980, essa doença matou 414 mil pessoas nos Estados Unidos. Em 1981, esse número chegou a 422 mil e aumentou continuamente até chegar aos 560 mil óbitos registrados nesse ano. É curioso observar que, quando a primeira edição deste livro foi publicada em 1986, as estimativas indicavam que haveria 500 mil óbitos por câncer no ano 2 mil. Tragicamente, esse número já foi ultrapassado.
- Tem sido observado um aumento constante na taxa de mortalidade nacional ajustada por idade. Em 1930, o número de óbitos por câncer em 100 mil habitantes era de 143. Em 1940, esse número aumentou para 152. Em 1950, já era de 158 e em 1984 chegou a 170. Em 1993, a taxa de mortalidade por 100 mil habitantes era de 172. A causa principal dessa elevação tem sido o crescimento devastador do número de casos de câncer do pulmão. Isso é particularmente preocupante, já que esse câncer está entre os tipos mais evitáveis.
- Embora o câncer esteja reivindicando mais vítimas, o índice de cura para os pacientes que desenvolvem câncer tem aumentado. Por exemplo, na década de 30, menos de um em cada cinco pacientes era curado dessa doença. Na década de 40, esse índice aumentou para um em quatro e na década de 60 o índice de cura chegou a um em três. Os dados mais recentes indicam que cerca de 40 por cento de todos os pacientes que desenvolvem câncer continuarão vivos cinco anos depois do diagnóstico. Entretanto, ainda há muito campo para melhora, podendo-se chegar a um índice de pelo menos 50 por cento. Milhares de pessoas que morreram neste ano por causa do câncer poderiam ter sido curadas, por meio do diagnóstico mais precoce e do tratamento eficaz e imediato.

A Sociedade Americana do Câncer indica que, entre os homens, a incidência do câncer seja mais alta entre os afro-americanos, seguidos dos brancos, cujos índices são 16 por cento menores. Os órgãos principais afetados entre os afro-americanos eram próstata,

> **VOCÊ PODE FICAR SURPRESO AO SABER QUE O CÂNCER É COMUM NAS CRIANÇAS.**

pulmão, cólon e reto. Entre as mulheres desse mesmo grupo racial, as localizações mais comuns do câncer eram mama, cólon e reto, e cérvice e corpo do útero. Embora os tipos principais de câncer entre os homens e as mulheres hispânicos sejam os mesmos que os dos brancos, as taxas de incidência são 30 por cento menores. Contudo, o índice de ocorrência específica do câncer da cérvice entre as mulheres hispânicas é maior, do que entre qualquer outro grupo étnico, com exceção das mulheres vietnamitas.

Algumas estimativas indicam que nesse ano serão diagnosticados 8.800 casos novos de câncer pediátrico nos Estados Unidos. Com 1.700 crianças mortas devido a essa condição, o câncer é a causa principal de morte por doença nas crianças entre três e quatorze anos de idade. Apenas os traumatismos matam mais crianças, do que o câncer. A boa notícia é que esses óbitos diminuíram 62 por cento desde 1960, em virtude de tratamentos novos desenvolvidos como resultados das pesquisas experimentais e clínicas.

Sem dúvida alguma, esses dados sobre incidência e taxas de mortalidade por câncer são alarmantes. Contudo, em vez de ficar paralisado pelo medo, essas estatísticas deveriam estimulá-lo a implementar ações específicas, que aumentem suas chances contra o câncer. Algumas evidências começam a acumular-se indicando que a incidência do câncer parou de crescer e está começando a declinar. Se isso for verdade, essa melhora poderá ser atribuída à adoção de modificações no estilo de vida, que serão descritas neste livro.

Capítulo 2

A Biologia do Câncer

Para melhorar suas chances contra o câncer, você precisa conhecer alguns fatos acerca da natureza do seu inimigo. O câncer é um adversário implacável e perigoso, mas freqüentemente é possível derrotá-lo. Como ocorre em qualquer batalha, é muito útil conhecer o inimigo. O conhecimento de como o câncer se desenvolve, como prolifera e como se dissemina ajudará a evitá-lo e entender seus sintomas. Sua capacidade de evitar essa doença, ou detectá-la numa fase precoce, será ampliada. Contudo, para que você possa aumentar suas chances nessa luta, você precisa agir. Algumas dessas ações não são fáceis e exigem muita motivação. Saber o que o câncer pode fazer e faz ser-lhe-á útil nesse esforço. O conhecimento da biologia dos tumores é fundamental à compreensão intelectual e ao comprometimento psicológico. Essa noção cria uma estrutura lógica para suas medidas preventivas. O comprometimento psicológico motiva suas ações baseadas nesse conhecimento.

Em termos bem simples, câncer é uma doença devida à proliferação celular. Para entender esse fenômeno, você precisa saber que o corpo humano é composto de bilhões de células. Todos os dias, nascem milhões dessas células. Os elementos celulares desenvolvem-se até atingirem a maturidade e, depois de certo tempo, morrem. À medida em que as células morrem ou são lesadas, elas são substituídas por elementos novos do mesmo tipo. Existe um mecanismo de controle inato, que impede a proliferação celular excessiva e mantém um equilíbrio estável entre os números de células que nascem e morrem. A natureza desse mecanismo de controle sofisticado — conhecido como apoptose — está sendo estudada detalhadamente.

Infelizmente, no câncer esse mecanismo de controle não existe ou foi anulado. Portanto, as células cancerosas multiplicam-se sem controle. As conseqüências dessa proliferação desordenada — a disseminação do câncer — são bem conhecidas de todos.

Ainda não está demonstrado o que exatamente causa essa proliferação celular descontrolada, ou transformação cancerosa. Entretanto, sabemos que alguns agentes ou fatores estão associados ao processo. Por exemplo, algumas substâncias químicas são carcinógenos (ou agentes indutores do câncer) comprovados. Nos animais de laboratório, o câncer de pele pode ser produzido sistematicamente pela pintura da pele com derivados do alcatrão. A irradiação dos raios X também tem causado câncer em algumas situações. Os vírus comprovadamente causam câncer em animais de laboratório e também são importantes para alguns tipos de carcinoma humano. Qualquer que seja o fator presente, o efeito que leva à transformação maligna é o mesmo, ou seja, uma alteração das informações genéticas da célula.

> **DEPOIS QUE UMA CÉLULA SOFRER TRANSFORMAÇÃO MALIGNA, ELA COMEÇA A DIVIDIR-SE OU PROLIFERAR SEM CONTROLE.**

Depois que uma célula sofrer transformação maligna, ela começa a dividir-se ou proliferar sem controle.

Embora a taxa de proliferação dessas células cancerosas malignas possa não ser excessivamente rápida, o processo é inexorável. Durante um período definido, ainda que desconhecido e por certo variável entre os diversos tumores, o câncer permanecerá localizado no sítio em que se desenvolveu. Durante esse período importante, se for detectado e tratado adequadamente, o câncer será totalmente curável. Por exemplo, em média, as células do câncer de mama necessitam de vários anos para dividir-se e crescer até o ponto de produzir um tumor de um centímetro. Se o câncer de mama for detectado nesse estágio inicial — e isto é possível —, ele será curável na grande maioria dos casos. Entretanto, a célula cancerosa tem algumas características que lhe conferem sua letalidade. Primeiramente, há uma redução da aderência entre as células do câncer. Enquanto que as células normais do corpo estão firmemente aderidas umas às outras, algumas alterações que ocorrem nas membranas das células cancerosas reduzem essa aderência. Isso permite que algumas células do câncer desprendam-se do tumor original e disseminem-se para outras partes do corpo.

● ● ●

Uma outra característica perigosa das células cancerosas é sua motilidade; essas células possuem a capacidade de realizar movimentos amebóides, ou seja, uma progressão ondulante pelos espaços teciduais, que lhes possibilita invadir os tecidos adjacentes. Essas duas características — falta de coesão e motilidade — são perigosas. Isso significa que as células do câncer podem separar-se do tumor no qual se desenvolveram e infiltrar as estruturas adjacentes. Quando isso acontecer, o processo de disseminação tumoral, conhecido na prática clínica como metástase, já começou.

Por outro lado, as células de um tumor benigno não possuem essa capacidade de desprender-se e invadir os tecidos adjacentes. O tumor benigno cresce até encontrar uma resistência mais forte e, em seguida, é mantido sob controle. Infelizmente, os tumores malignos não respeitam esses limites e podem infiltrar inexoravelmente os tecidos em torno. Esse processo de disseminação direta é uma das características que diferenciam os tumores benignos e malignos. No caso de Todd McCormick, isso permitiu ao câncer da língua disseminar-se para o assoalho da boca e em seguida para o osso da mandíbula.

À medida em que o câncer cresce, seu desenvolvimento pode ser tão rápido, que supera sua irrigação sangüínea. As células cancerosas também podem entupir os vasos sangüíneos que irrigam o tumor. Por esse motivo, a irrigação sangüínea do tumor torna-se insuficiente para mantê-lo e algumas células tumorais morrem. Infelizmente, a morte dessas células ocorre apenas no centro do tumor; sua periferia é preservada e continua a proliferar.

As células cancerosas possuem a capacidade de invadir os vasos linfáticos do organismo. Quando chegar a esses vasos, as células são então embolizadas — arrastadas para longe — pelo líquido linfático e levadas aos gânglios linfáticos adjacentes. Nessas estruturas, as células do câncer podem proliferar e produzir metástases linfáticas. A disseminação das células tumorais para um gânglio linfático ocorreu no caso de Todd, antes que ele buscasse atendimento médico. Isso explicava a massa tumoral em seu pescoço. Essa invasão do sistema linfático é o segundo mecanismo de disseminação do câncer.

Além disto, as células cancerosas podem invadir vasos sangüíneos pequenos existentes em torno do tumor e, desta forma, ganhar acesso à circulação do corpo. Embora os destinos dessas células sejam variáveis, em geral elas são transportadas sob a forma de êmbolos ou grumos tumorais até um órgão distante. Nesse local, as células são retidas e aprisionadas. Algumas delas podem adquirir sua própria irrigação sangüínea nessa nova localização e continuar a proliferação. Portanto, as metástases formam-se através desse processo de disseminação pelo sangue (ou hematogênica). Essa capacidade que as células cancerosas possuem de desprender-se do tumor primário, invadir a circulação e proliferar num local distante é sua característica mais letal. Embora nem todas as células cancerosas consigam estabelecer-se nesse novo ambiente, uma porcentagem excessivamente alta atinge esse objetivo.

O último mecanismo pelo qual o câncer dissemina-se é conhecido na prática clínica como migração transcelômica. Isso significa que as células cancerosas conseguem chegar a uma cavidade do corpo — por exemplo a cavidade peritoneal do abdome ou o espaço pleural do pulmão — e espalhar-se para produzir um implante à distância. O exemplo clássico desse processo, conhecido como tumor de Krukenberg, origina-se no estômago e espalha-se pela cavidade abdominal implantando-se na pelve.

Estadiamento

Uma das responsabilidades mais importantes do oncologista — médico especializado em câncer — é determinar a extensão da disseminação do tumor do paciente. Esse processo é conhecido como estadiamento e é um elemento essencial para a escolha da melhor forma de tratamento para o paciente. O estadiamento é um processo complexo e diferente em cada sistema do organismo. No entanto, é possível fazer algumas generalizações acerca dos diversos tipos de estadiamento.

Em termos gerais, doença do Estágio I significa que o câncer está limitado ao órgão de origem. Não existem evidências de invasão linfática ou disseminação vascular. Esse câncer está numa fase precoce e a cirurgia ou radioterapia teria grandes chances de sucesso. Embora nem todos os pacientes com doença detectada no Estágio I sejam curados, o índice de cura geralmente está acima de 80 por cento. O câncer de mama de Susan poderia ser classificado como tumor no Estágio I.

A doença do Estágio II está mais avançada. Pode haver evidências de disseminação para os gânglios linfáticos locais ou regionais situados nas proximidades do tumor, ou sinais de proliferação mais ampla no órgão primário. No entanto, esse tumor ainda está regionalmente confinado e oferece boas chances de cura, com taxa de sobrevida em cinco anos de cerca de 50 por cento.

Contudo, à medida em que o tumor progride, começa o Estágio III. Nesse ponto, há um tumor primário volumoso e extensivo que se disseminou para estruturas adjacentes, ou aparecem evidências de invasão generalizada dos gânglios linfáticos. Esses gânglios linfáticos podem estar fixados uns aos outros, ou às estruturas adjacentes. Esse tumor ainda pode ser tratado cirurgicamente, mas as chances de retirar todo o câncer são pequenas. Embora a doença do Estágio III ofereça alguma chance de sobrevida pelo tratamento agressivo, a possibilidade de cura é pequena. Os índices de sobrevida em cinco anos variam em torno de 20 por cento. Esse era o estágio da doença de Todd, quando ele foi examinado pela primeira vez por seu médico. Havia um tumor volumoso na língua, que se fixava às estruturas adjacentes (como a mandíbula); além disto, o câncer tinha embolizado e produzido metástases nos gânglios linfáticos regionais.

Quando houver evidência de disseminação para um órgão distante, o médico define a lesão como Estágio IV. Nesse caso, há poucas chances de sobrevida prolongada com a maioria dos cânceres; menos de 10 por cento dos pacientes estarão vivos ao final de cinco anos.

Existem outros termos médicos, com os quais você também deveria estar familiarizado. Câncer é sinônimo de tumor maligno. Existem dois tipos de câncer. Os tumores malignos que se originam das superfícies epiteliais, ou glandulares, são conhecidos como carcinomas. Quando houver envolvimento de uma superfície de revestimento, como a pele ou a parte interna da boca, o câncer é chamado de carcinoma de células escamosas. O epitélio glandular, por exemplo o que reveste o cólon ou estômago, origina os tumores conhecidos como adenocarcinomas.

Quando um câncer originar-se do tecido conjuntivo (ou seja, ossos, cartilagem ou tecido fibroso), ele é descrito como sarcoma. Esses tumores são, respectivamente, osteossarcoma, condrossarcoma e fibrossarcoma.

O patologista geralmente é capaz de analisar o aspecto microscópico das células cancerosas e determinar seu grau de maturidade ou diferenciação. Quanto mais madura for a célula, menor a taxa de crescimento do câncer e melhores as chances do paciente. Em termos gerais, um padrão celular pouco diferenciado ou indiferenciado sugere tumor de crescimento rápido e prognóstico desfavorável.

O diagnóstico do câncer é estabelecido com base no aspecto microscópico ou histológico do tumor. Para esse exame, o tecido é retirado por uma biópsia, que pode ser excisional ou incisional. No primeiro caso, retira-se todo o tumor, que é relativamente pequeno. Quando os tumores forem volumosos e for necessário firmar o diagnóstico antes de planejar o tratamento, o cirurgião pode retirar apenas um fragmento do tumor para exame. Isso é conhecido como biópsia incisional.

Outra técnica muito importante para o diagnóstico do câncer é o exame citológico. Citologia é o estudo do aspecto das células separadas. A partir do aspecto da célula, o citologista experiente pode determinar se ela é benigna ou maligna. A ciência da citologia foi introduzida pelo Dr. George Papanicolau, que demonstrou a eficácia do exame das células vaginais para detectar câncer de útero. Nos anos que se seguiram a essa descoberta importantíssima, a citologia estabeleceu-se como um recurso inestimável para o diagnóstico do câncer do colo uterino, possibilitando a detecção dessas células malignas antes que o tumor tenha chance de invadir o órgão.

O câncer que não for tratado, ou que não responder ao tratamento, por fim levará à morte, embora os mecanismos específicos que resultam no óbito possam ser diferentes. Alguns tumores crescem e impedem as funções vitais do organismo, como é o caso do câncer de cólon, que produz obstrução intestinal. Outros cânceres podem levar ao óbito pela perda de sangue. O sangramento de um tumor gástrico pode causar a morte do paciente. Quando os pacientes não conseguirem manter a nutrição adequada por causa de um câncer muito avançado, as reservas globais do seu organismo serão esgotadas e eles podem morrer por esse motivo. Por fim, o câncer avançado está associado com a supressão do sistema imune do organismo. Esse fato e a debilidade geral do paciente predispõem à infecção, que pode ser a causa final do óbito.

Sem dúvida, essa é uma descrição assustadora da realidade irrefutável do câncer. Contudo, tenha em mente que é possível detectar tumores malignos num estágio precoce do seu desenvolvimento, antes que ele tenha disseminado para locais distantes e numa fase em que, graças ao tratamento eficaz, pode ser curado. Esse é o objetivo de todos os médicos que tratam de pacientes com câncer; essa também deve ser a meta de todas as pessoas suscetíveis a essa doença, ou seja, todos nós.

Capítulo 3

Um Pouco de Prevenção

Há cerca de 50 anos, o câncer era considerado uma doença relacionada principalmente com o processo de envelhecimento, que era insondável e imutável. Desde então, estudos epidemiológicos e pesquisas realizadas em outras áreas demonstraram que essa crença é falsa. Na verdade, uma porcentagem alta — poderíamos dizer até 80 porcento — de todos os cânceres está associada ao nosso ambiente, tanto externo quanto interno. Isso significa que as substâncias que inalamos, os alimentos e a água que ingerimos, nossa exposição aos diversos tipos de radiação e inúmeros outros fatores contribuem para o desenvolvimento do câncer.

Embora as pretensões desses ambientalistas possam ser excessivas, não há dúvida de que uma porcentagem significativa dos cânceres que desenvolvemos é causada pelo mundo em que vivemos e pela forma como vivemos nele. Ainda que seja desanimador ouvir dizer que nosso ambiente é tão deletério, essa mesma compreensão tem alguns aspectos alentadores; implicitamente, pode-se entender que a eliminação desses fatores carcinogênicos (ou geradores de câncer) erradicará ou reduzirá o desenvolvimento de tumores malignos. Sem dúvida, a prevenção do câncer é muito mais interessante, do que os progressos em seu tratamento.

A prevenção do câncer deve ser do interesse, ou até mesmo a preocupação principal, de todos aqueles que pensam. Para ajudar nessa tarefa, apresentaremos uma relação dos riscos ambientais que, hoje em dia, são considerados carcinógenos comprovados. Você aprenderá como reduzir suas chances de contrair a doença, modificando seus padrões de vida. É importante estar consciente das influências carcinogênicas existentes em seu ambiente e saber como as evitar, para que você possa aumentar suas chances de não ter um câncer.

Sem dúvida alguma, o ambiente não é responsável por todos os cânceres. Cada pessoa tem uma predisposição ou resistência intrínseca ao câncer; esses fatores desempenham um papel importante, determinando se você terá ou não a doença. Embora nada possa ser feito para alterar sua suscetibilidade ou resistência intrínseca, você pode fazer muito para atenuar seus riscos ambientais. É necessário adotar um estilo de vida saudável, que proteja sua saúde e a dos seus familiares.

Capítulo 4

Você, Seus Genes e o Câncer

Quase todos nós sabemos que alguns cânceres podem ocorrer com mais freqüência em algumas famílias. Embora isso seja particularmente válido para alguns cânceres como os de mama e cólon, esse fenômeno foi comprovado cientificamente apenas nos últimos anos. Ainda mais recentes são as descobertas relacionadas com o genoma humano, que ajudam a explicar esses fatos. Alguns cânceres humanos são influenciados geneticamente, mas não são hereditários. Entretanto, o que passa de uma geração para outra são as informações genéticas, que tornam uma pessoa mais suscetível a uma doença maligna.

A contribuição da sua constituição genética para o desenvolvimento de um câncer varia com os diversos tipos de tumor. Apenas cinco a dez por cento dos tumores malignos comuns dos adultos são devidos aos fatores genéticos. Por outro lado, esses fatores desempenham uma função significativa em cerca de 30 por cento de alguns cânceres infantis que, felizmente, são raros. Quase sempre há uma interação entre fatores genéticos e ambientais, que leva ao desenvolvimento de um tumor nos seres humanos. Por exemplo, uma pessoa pode pertencer a um grupo étnico caracterizado por pele e cabelos claros e olhos azuis, como é o caso dos indivíduos de ascendência nórdica. A hereditariedade desse fenótipo predispõe a pessoa a desenvolver melanoma maligno, caso ela seja exposta excessivamente a um fator ambiental, no caso a radiação ultravioleta do tipo B. A transformação de uma célula normal em outra maligna ocorre depois de várias etapas ou "choques", que produzem mutações ou alterações dos genes envolvidos na regulação do crescimento celular. Esses choques podem ser causados por substâncias químicas, radiação ultravioleta ou ionizante e alguns vírus, ou ainda podem ser herdados geneticamente. Hoje em dia, acredita-se que todas as células precisem sofrer dois ou mais choques antes que se tornem malignas.

O Genoma

Genoma significa todo o material genético de um organismo. Esse material genético está contido nos cromossomas, que estão localizados no núcleo das células. Cromossomas são estruturas em forma de hastes, compostas de ADN e proteínas. O ADN (ácido desoxirribonucléico) é a matéria prima das informações genéticas e é uma molécula longa, composta de várias subunidades conhecidas como nucleotídeos. A seqüência desses nucleotídeos transmite a mensagem para a produção de proteínas específicas. O ADN está disposto numa configuração helicoidal dupla bastante conhecida, composta de duas cadeias espiraladas interligadas por pontes. Essa hélice freqüentemente é referida como "fio da vida". Para ilustrar a quantidade incrível de ADN nos cromossomas humanos, calcula-se que se fosse desenrolado, estirado e ligado de ponta a ponta, o ADN total de uma pessoa comum poderia estender-se por cerca de 100 vezes a distância entre a Terra e o Sol (Kevles e Hood, 1992). Nos seres humanos, o cariótipo, ou número normal de cromossomas, é de 46; a metade desses cromossomas é herdada de cada um dos genitores. Esses cromossomas estão dispostos em 23 pares: um par de cromossomas sexuais (XX para as mulheres, XY para os homens) e 22 pares de cromossomas autossômicos (não-sexuais). Cada cromossoma tem uma forma e tamanho diferentes, características de coloração próprias e pontos específicos de fixação aos demais. Essas características permitem aos especialistas identificar os cromossomas com grande precisão.

Existem cerca de 50 mil a 100 mil genes em cada célula humana. Os genes estão localizados em pontos específicos, denominados

O GENE É A UNIDADE BIOLÓGICA BÁSICA DA HEREDITARIEDADE

loci, de cada cromossoma. Esses genes determinam características físicas ou processos biológicos específicos (por exemplo, cor da pele) e são encontrados em cada um dos dois elementos do par de cromossomas. Esses dois genes relacionados são denominados alelos. Um alelo é herdado do pai e o outro da mãe. Assim, todos os genes têm dois alelos. É o gene que codifica a produção de proteínas específicas, que determinam qual será o resultado final de determinado organismo.

O ADN de uma célula humana típica contém cerca de 3 bilhões de pares de nucleotídeos. Tendo em vista a extensão e a complexidade espantosas dessas subunidades químicas, não é surpreendente que algumas vezes possam ocorrer mutações ou alterações de um gene. Quando essas mutações ocorrerem, elas podem produzir um impacto sobre as chances de uma pessoa desenvolver câncer. Em todos nós, a regulação celular de um dia para outro é conseguida pelo equilíbrio normal entre os genes que promovem o crescimento das células e os genes que suprimem esse crescimento. Os oncogenes estimulam a proliferação celular. Quando o oncogene ocorrer em quantidades excessivas, como conseqüência da "amplificação", ou quando ele sofrer uma mutação e expressar uma forma hiperfuncionante, o resultado será um estímulo vigoroso para a divisão e proliferação celulares. A força que contrabalança esse estímulo para o crescimento provém dos genes supressores tumorais, que retardam esse processo de divisão. Portanto, o câncer pode ser produzido por uma quantidade excessiva de oncogenes estimuladores, ou pela perda de genes supressores tumorais. Assim, as mutações dos genes que normalmente controlam o crescimento celular podem causar câncer. Existem dois tipos de mutações, que envolvem as células somáticas ou germinativas. As mutações somáticas afetam os genes das células do corpo (como as células da pele) e são produzidas pela exposição a vários carcinógenos (por exemplo, radiação ultravioleta). As mutações das células germinativas afetam os gametas (espermatozóides ou óvulos) e são transmitidas de uma geração para a subseqüente (Knudson, 1971). A maioria dos cânceres provavelmente resulta de uma combinação desses dois tipos de mutação (Yarbro, 1993).

BRCA1 e BRCA2

O câncer de mama hereditário é responsável por cinco a dez por cento de todos os casos de adenocarcinoma da mama. Isso significa que, dentre cerca de 180 mil casos desse câncer diagnosticados todos os anos nos Estados Unidos, até 18 mil podem ser devidos a uma suscetibilidade herdada de desenvolver essa doença. Embora tenham sido identificados vários genes responsáveis pelo câncer de mama hereditário, as mutações do BRCA1 e BRCA2 são as causas principais da forma familiar dessa doença.

O BRCA1 foi identificado em 1994 por Miki e colaboradores. Esse gene é transmitido num padrão autossômico dominante e parece funcionar como gene supressor tumoral. Como já foi assinalado, os genes supressores tumorais funcionam controlando ou regulando o crescimento das células. Assim, uma pessoa que herdar uma cópia alterada desse gene terá perdido um "freio" celular importante (C. Isaacs). Existe alguma confusão em torno da terminologia do BRCA1. Quando se diz que uma pessoa é BRCA1-positiva, isso na verdade significa que há uma alteração ou mutação desse gene, de forma que sua função supressora tumoral está anulada. Em outras palavras, quando alguém for BRCA1-positivo, isto significa que o gene está em sua forma alterada.

A presença do BRCA1 foi associada não apenas ao aumento dos riscos de desenvolver câncer de mama, como também cânceres dos ovários e da próstata. O significado do BRCA1 nos adenocarcinomas do cólon e da próstata ainda não está bem esclarecido.

O BRCA2 foi identificado em 1995 por Wooster e colaboradores. Esse gene também é transmitido como traço autossômico dominante e funciona como gene supressor tumoral. Hereditariedade dominante é a suscetibilidade que pode ser transmitida aos familiares. Cada indivíduo tem duas cópias de cada gene ("alelos"), sendo uma delas proveniente de cada um dos genitores. Esses alelos podem diferir quanto à forma entre si, já que cada cópia provém de um genitor diferente. A mutação de um alelo pode alterar as funções do corpo, mesmo que a outra cópia deste alelo seja normal. Nesse caso, pode-se dizer que o gene alterado é dominante em relação ao gene normal; esse gene alterado produz um efeito ao nível do corpo, por exemplo uma suscetibilidade ao câncer. Existem mais de 130 mutações identificados no BRCA1. Algumas delas foram detectadas com freqüências muito maiores em certos grupos étnicos. Isso inclui duas mutações do BRCA1 (185 deleções de AG e 5.382 inserções de C no gene BRCA1; 6.174 deleções de T no gene BRCA2). Essa numeração escrita refere-se ao ponto do gene, no qual houve deleção ou inserção de material genético.

Alguns dos estudos iniciais das mutações do BRCA1 foram realizados com mulheres que apresentavam história familiar consistente de cânceres de mama e ovários. Estudos iniciais sugeriram que 80 a 90 porcento dessas pacientes viveriam até desenvolver câncer de mama. Evidentemente, isso significa um aumento marcante em relação à taxa de incidência de 11 a 12 por cento na população geral. Além disto, as mulheres portadoras dessas mutações desenvolviam câncer de mama numa idade mais precoce, pois mais de 50 por cento desses tumores haviam sido diagnosticados em torno dos 50 anos. Além do mais, o risco de haver câncer na mama contralateral, ou seja, câncer na outra mama, entre as mulheres que já tinham desenvolvido essa doença estava aumentado significativamente para cerca de 65 por cento.

Isso contrasta nitidamente com o risco da população geral de desenvolver câncer na outra mama, que é de cerca de um por cento ao ano.

Entretanto, pesquisas mais recentes sugeriram que essas taxas de incidência não sejam tão assustadoras, quanto se pensava de início. Os primeiros estudos foram realizados com mulheres que apresentavam história familiar muito consistente de câncer de mama. Mais recentemente, Struewing estudou judeus Ashkenazi da região de Washington, capital, e demonstrou que 2,3 por cento dos participantes possuíam uma mutação do BRCA1 ou BRCA2. Apenas um quarto dessas voluntárias tinham história de câncer de mama ou ovário em si próprias ou seus familiares. Esses pesquisadores concluíram que, para as mulheres portadoras de mutações, o risco médio de desenvolver câncer de mama em torno dos 70 anos é de 56 por cento; esse índice é muito maior do que o das mulheres que não têm mutações, mas menores do que as estimativas iniciais de até 85 por cento. Em torno dos 70 anos, o risco médio de desenvolver câncer de ovário nas mulheres portadoras de mutações é de 16 por cento, índice maior do que o da população geral (cerca de 1,5 por cento), mas bem abaixo das estimativas de 40 a 60 por cento referidas pelos primeiros estudos.

Esses pesquisadores também demonstraram que o risco médio de desenvolver câncer da próstata durante alguma época da vida é de 16 por cento, índice muito maior do que o dos portadores sem mutações. É evidente a necessidade de realizar estudos adicionais, antes que se possa avaliar plenamente o significado dessas mutações genéticas.

A implicação prática de todas essas considerações é que não é aconselhável às mulheres comuns realizarem o rastreamento aleatório para BRCA1 e BRCA2. Vale ressaltar mais uma vez que 90 por cento dos cânceres de mama ocorrem esporadicamente, ou seja, não estão associados a uma mutação dos genes do câncer. Além do mais uma porcentagem significativa das mulheres que têm testes positivos para BRCA1 ou BRCA2 pode jamais desenvolver qualquer tumor importante. Os testes genéticos devem ser realizados apenas por orientação de um consultor genético, que conheça todas as implicações dos resultados dos testes e possa interpretar corretamente essa informação complexa e oferecer apoio às pacientes. A indicação para a realização dos testes para BRCA é reforçada quando houver história familiar consistente de câncer de mama nos parentes em primeiro grau (mãe, irmã ou filha), ou quando a doença incidir numa idade precoce (ou seja, antes dos 30 anos), quando o câncer for bilateral ou a paciente for descendente de judeus Ashkenazi.

Se houver história familiar consistente de câncer de mama e o gene BRCA1 ou BRCA2 estiver presente, essa paciente pode considerar a aplicação de algumas medidas protetoras. Essas considerações ainda estão incompletas, tendo em vista a novidade dessa situação. Sem dúvida alguma, é necessário realizar o rastreamento cuidadoso da paciente pelo auto-exame das mamas, pelo exame por um médico e pela mamografia. As mulheres de alto risco podem começar a fazer mamografias anuais já a partir dos 25 anos. O uso do tamoxifeno (agente anti-estrogênico) está sendo estudado para avaliar seus efeitos protetores. Um estudo sugeriu que a mastectomia profilática, ou seja, a remoção das duas mamas mesmo que nenhum câncer tenha sido detectado, seja uma medida exeqüível. Em geral, essa cirurgia é seguida da reconstrução das mamas e parece reduzir significativamente a incidência do câncer de mama. Evidentemente, a mastectomia profilática não deve ser realizada sem uma ponderação considerável.

Da mesma forma, alguns especialistas recomendaram a realização da ooforectomia profilática pelas mulheres com alguma alteração do BRCA1, assim como pelas pacientes com mutação do BRCA2 e história familiar de câncer do ovário. A ooforectomia profilática com 35 anos, ou quando a função procriativa estiver encerrada, foi recomendada para as mulheres com câncer de ovário hereditário em sua família. Entretanto, mesmo essas ooforectomias profiláticas não têm sucesso em 100 por cento dos casos. Quanto ao uso dos anticoncepcionais orais, a situação é crítica. Existem evidências sugerindo que as pílulas diminuam a taxa de incidência do câncer de ovário, ao mesmo tempo em que aumentam ligeiramente o risco de câncer de mama na população geral.

> SOB CONDIÇÕES ADEQUADAS, PODEM SER AUFERIDOS BENEFÍCIOS COM OS TESTES DOS GENES BRCA.

Esses benefícios incluem o fato de que o indivíduo tem informações mais precisas acerca da sua constituição genética. Esses testes também proporcionam informações positivas aos membros da família, assim como conforto psicológico para as pessoas com teste negativo. Alguns especialistas acreditam que um resultado positivo seja mais fácil de lidar, do que a incerteza arrasadora de não saber qual é o seu estado. Um teste negativo pode ou não ajudar a pessoa a obter cobertura do seguro de saúde.

Quanto ao aspecto negativo da questão, as pacientes com testes positivos podem enfrentar a discriminação profissional e das seguradoras, apesar da legislação cada vez mais específica para evitar isso.

Além disto, é evidente que pode haver conseqüências emocionais graves advindas de um resultado positivo. Por fim, o custo desses testes pode ser muito alto, quando eles forem realizados fora de uma instituição de pesquisa.

Os testes do BRCA1 e BRCA2 proporcionam esclarecimentos novos acerca do desenvolvimento do câncer de mama. Esse campo ainda está sujeito a muitas mudanças, tendo em vista o curto intervalo decorrido desde todas essas descobertas.

Embora existam muitas armadilhas e dificuldades, o resultado final de todos esses estudos é favorável. Eles proporcionam às mulheres uma oportunidade maior de controlar sua própria saúde no futuro.

Câncer Colorretal Familiar

Embora o câncer colorretal familiar não seja comum, é importante reconhecer a existência de algumas síndromes, já que as medidas preventivas podem atenuar o sofrimento que esses cânceres infligem.

Polipose Adenomatosa Familiar do Cólon (PAF)

A PAF foi a primeira síndrome de câncer colorretal hereditário descoberta pelos médicos. A característica principal dessa doença é o desenvolvimento de pólipos adenomatosos no cólon e reto numa fase muito precoce da vida. Esses pólipos benignos podem ser detectados na adolescência. Um aspecto importante dessa condição é que o número dessas lesões polipóides é extremamente variável (de uma centena a milhares delas). A característica mais marcante dessa doença é que, por fim, 100 por cento dos pacientes desenvolvem câncer do cólon ou reto. Essa transformação ocorre numa idade muito precoce, em torno da terceira década de vida. Alguns pacientes com PAF também têm tumores da mandíbula e do crânio e tumores benignos e malignos do estômago (síndrome de Gardner). Quando a polipose colônica estiver associada com tumores cerebrais, a condição é conhecida como síndrome de Turcot. O gene da polipose adenomatosa do cólon (PAC) foi clonado recentemente e descobriu-se que é um gene supressor tumoral.

A conduta para os casos de polipose adenomatosa familiar consiste no estudo cuidadoso do estado de portador de cada paciente. A base do tratamento eficaz é a colectomia total, na qual todo o cólon é retirado para evitar a transformação maligna desses pólipos em câncer. Em alguns casos, o reto também é retirado. Esse operação deve ser realizada durante a segunda ou terceira década de vida. Tanto os pacientes com essa doença, quanto seus médicos, devem lembrar-se de que o câncer do trato gastrointestinal alto (por exemplo, estômago) também pode ocorrer; portanto, a endoscopia ou outros exames por imagem devem ser realizados para detectar essa transformação maligna na fase mais precoce possível.

Câncer de Cólon Hereditário Sem Polipose (CCHSP)

O CCHSP, também conhecido como síndrome de Lynch, pode ser diagnosticado quando três parentes próximos (de primeiro grau), em pelo menos duas gerações, forem acometidos pelo câncer de cólon. Além disto, é necessário que um desses parentes tenha desenvolvido a doença antes dos 50 anos. As características clínicas do CCHSP incluem início precoce do carcinoma colorretal com tendência a envolver o cólon proximal ou direito. Esses pacientes também podem ter alguns cânceres em outros órgãos além do cólon, inclusive endométrio, ovários, estômago, intestino delgado, uretra e pelve renal. Recentemente, alguns estudos demonstraram que os pacientes com CCHSP são portadores de mutações dos genes de reparação do ADN anormal das células da linhagem germinativa. Essa doença é autossômica dominante e pode ser responsável por cerca de um a cinco por cento de todos os casos de câncer colorretal.

Evidentemente, é importante que a família e o médico reconheçam a existência dessa síndrome, já que os pacientes podem ser praticamente assintomáticos. Entretanto, se for demonstrado que uma pessoa corre risco de desenvolver essa doença por causa da sua associação familiar, recomenda-se o rastreamento anual pela colonoscopia.

Polimorfismo 11307K
Recentemente, Vogelstein e colaboradores do Johns Hopkins Hospital descreveram um novo tipo de anomalia genética, que duplica as chances de uma pessoa desenvolver câncer colorretal.

Esse foco genético está localizado no gene da PAC que, como você sabe, causa câncer do cólon. Uma variação desse gene, conhecida como polimorfismo, também pode causar câncer. Essa alteração não leva diretamente à formação do tumor, mas causa uma instabilidade do gene, que o torna mais suscetível à lesão subseqüente pelos carcinógenos.

O estudo-piloto dessa anomalia genética foi realizado com cerca de mil judeus Ashkenazi. Os pesquisadores detectaram o polimorfismo 11307K em 1 dentre 17 (ou 16 porcento) judeus americanos. Contudo, a mutação é rara nos indivíduos de outras raças. Esse traço duplica o risco de desenvolver câncer colorretal para cerca de 16 a 30 por cento.

É importante assinalar que a maioria dos cânceres do cólon é atribuível às alterações genéticas das células do corpo, adquiridas durante a vida do paciente; portanto, a maior parte não é transmitida como mutações genéticas das células germinativas, como é o caso do polimorfismo 11307K.

Mais uma vez, essa informação deve ser usada positivamente. Em geral, o câncer de cólon é um tumor de crescimento lento; se for detectado no estágio de pólipo benigno, ou em sua fase clínica mais precoce, o índice de cura é excelente. Por esse motivo, as colonoscopias anuais iniciadas numa idade precoce (ou seja, 25 anos) em indivíduos assintomáticos com esse polimorfismo podem salvar vidas. O aconselhamento genético é fundamental para que se possa avaliar adequadamente essas informações. Francis Collins, do Projeto Genoma Humano, calcula que a probabilidade de haver testes positivos seja pequena e, mesmo se forem positivos, as chances de que você não desenvolva câncer do cólon são de 88 por cento. Além disto, se você não tiver o polimorfismo 11307K, mesmo assim poderá desenvolver a forma comum do câncer de cólon, que é causado por outros fatores carcinogênicos.

Conclusões

É evidente que as implicações genéticas do câncer são cada vez mais importantes hoje em dia. Contudo, vale lembrar que nem todas as alterações genéticas das células são hereditárias; a maioria das mutações genéticas é produzida por fatores ambientais, sobre os quais temos controle, por exemplo alterações genéticas produzidas pelo fumo nas células brônquicas, que induzem uma modificação genética das células normais, tornando-as malignas.

No caso dos fatores genéticos hereditários, ou seja, BRCA1, 11307K e outros, muito pode ser feito. As pessoas portadoras dessas mutações devem buscar aconselhamento especializado. A maioria dos médicos não pode ser classificada como especialistas nessas questões e geralmente não tem experiência com a interpretação desses resultados. Além disto, para que o aconselhamento seja ideal, é preciso gastar um tempo significativo com o indivíduo em questão.

A conclusão final é que, se você tem história familiar inequívoca de câncer (especialmente se a doença acometer o mesmo órgão), se um tumor maligno for detectado numa idade precoce, se vários tumores forem diagnosticados ou se você fizer parte de um grupo étnico de alto risco, é importante alertá-lo para a possibilidade de que você tenha uma suscetibilidade hereditária a algum tipo de câncer. Se esse for o caso, procure assistência especializada e seu prognóstico por certo será excelente.

Capítulo 5

Fumo e Câncer

Quando Colombo descobriu o novo mundo, o tabaco era cultivado pelos índios americanos do hemisfério ocidental e, nessa época, era usado quase da mesma forma que hoje em dia. Infelizmente, esses americanos primitivos acreditavam que o tabaco possuísse valor medicinal, assim como os europeus que adotaram esse hábito. Hoje, cerca de 300 anos depois, está demonstrado que, longe de ter alguma propriedade medicinal, o tabaco é extremamente deletério para sua saúde.

Vários estudos demonstraram sem sombra de dúvida que o tabagismo de cigarros causa câncer do pulmão e, apenas nos Estados Unidos, foram diagnosticados 178 mil casos novos dessa doença, apenas nesse ano. Além disto, houve 160 mil mortes nesse mesmo ano causados pelo câncer do pulmão. Até pouco tempo atrás, o câncer do pulmão era uma doença que acometia principalmente os homens. Entretanto, hoje em dia, o aumento significativo do tabagismo entre as mulheres, desde a II Guerra Mundial, resultou num crescimento dramático dessa doença no sexo feminino. O aumento da incidência do câncer de pulmão entre as mulheres ocorreu tão rapidamente, que esta é a causa mais comum de morte por câncer no sexo feminino, superando até as taxas de mortalidade por câncer de mama.

O tabagismo de cigarros é responsável por cerca de 85 por cento dos canceres de pulmão dos homens e 75 por cento destes tumores entre as mulheres. As pessoas que fumam em grande quantidade têm taxas de mortalidade por câncer de pulmão 15 a 25 vezes maiores, do que os não fumantes. Os índices do câncer de pulmão atingem níveis ainda mais altos entre os fumantes expostos ao asbesto. Os trabalhadores expostos ao asbesto na indústria de construção naval do leste dos Estados Unidos, durante a II Guerra Mundial, desenvolveram índices alarmantes de câncer pulmonar. Essa combinação de exposição ao asbesto com tabagismo de cigarros aumenta em quase 60 vezes o risco de uma pessoa desenvolver câncer do pulmão.

Os epidemiologistas também demonstraram conclusivamente que a freqüência com que uma pessoa fuma e a intensidade e profundidade das inalações são fatores importantes, que também aumentam o risco de desenvolver câncer do pulmão. Felizmente, com o abandono do fumo, há uma redução gradativa do risco de adquirir esse câncer. Cerca de 10 a 15 anos depois, o ex-fumante tem praticamente o mesmo risco de desenvolver a doença, do que uma pessoa que não fumou.

Além disto, o tabagismo também foi associado aos cânceres da boca, faringe, laringe, esôfago, pâncreas e bexiga. A Sociedade Americana do Câncer assinala que o tabagismo é responsável por cerca de 29 por cento de todas as mortes por câncer, é uma causa importante de doenças cardíacas e está associado a problemas que variam de resfriados às úlceras gástricas, bronquite crônica e enfisema. A Sociedade Americana do Câncer também sugere que os distúrbios relacionados com o tabagismo possam causar cerca de 419 mil mortes por ano. A Organização Mundial de Saúde calcula que três milhões de pessoas morrem em todo o mundo, como conseqüência do tabagismo. A metade das pessoas que continuam fumando também morrerá prematuramente, reduzindo em muitos anos sua expectativa de vida.

Tendo em vista todas essas informações, não é surpreendente que tenha ocorrido um declínio do número de fumantes. O mais surpreendente é que, apesar de tudo isso, ainda existem muitas pessoas que fumam. De acordo com a Pesquisa Nacional de Saúde por Entrevista, entre 1965 e 1990 houve uma redução de 40 por cento do tabagismo entre os adultos (de 42 para 25 por cento). A partir de

1990, o índice de tabagismo entre os adultos estabilizou-se e, o que é mais alarmante, o mesmo índice entre os adolescentes aumentou. Hoje em dia, cada fumante consome cerca de 2.522 cigarros por ano, bem menos do que os 4.345 cigarros consumidos em 1963. Esse consumo inacreditável de cigarros é alarmante, principalmente quando se sabe que é muito difícil diagnosticar o câncer do pulmão numa fase precoce e que, depois que a doença aparecer, cerca de 90 por cento dos pacientes morrerão dentro de cinco anos. Ainda mais espantoso é que pessoas continuam morrendo pela nicotina!

Embora os fumantes de cachimbos e charutos não tenham riscos tão elevados de desenvolver câncer do pulmão quanto as pessoas que fumam cigarros, o índice ainda é bem maior do que para os não fumantes. Provavelmente, isso ocorre porque as pessoas que fumam cachimbos e charutos não tragam. Entretanto, antes que os fumantes de cachimbos e charutos se sintam à vontade, é importante saber que suas chances de desenvolver câncer intra-oral — como foi o caso de Todd — são bem maiores.

• • •

Nos últimos anos, tem sido muito enfatizado o tabagismo passivo, que aflige os não fumantes que vivem ou trabalham com pessoas que fumam. Esse tabagismo passivo é carcinogênico. Infelizmente, todos os anos três mil fumantes passivos inocentes, que desenvolveram câncer de pulmão, morrem devido à inalação da fumaça produzida por seus familiares, amigos e colegas de trabalho. Esse fato deveria — mas em muitos casos isso não acontece — desestimular um membro da família a fumar, nem que fosse para proteger seus entes queridos. As crianças são particularmente vulneráveis ao tabagismo passivo e desenvolvem infecções auditivas e respiratórias com mais freqüência.

Uma conseqüência perigosa, indesejável e inesperada das campanhas contra o tabagismo de cigarros tem sido a utilização crescente das gomas de tabaco e rapé (tabaco em pó). Os adolescentes estão adotando esses hábitos com freqüência crescente. Em 1995, os Centros de Controle e Prevenção das Doenças relataram que cerca de 20 por cento dos estudantes de nível superior do sexo masculino usavam tabaco sem fumaça.

"Mergulhar o rapé", como é conhecido, é um hábito particularmente comum entre as mulheres do sudeste dos Estados Unidos. Nesse processo, o usuário mantém o tabaco bem macerado ou em pó preso entre a gengiva e o maxilar. Ainda não está claro qual é a substância do rapé que causa câncer, mas o principal suspeito é a nitrosonornicotina (ou NNN), que pode produzir tumores em animais de laboratório. A concentração da NNN presente no tabaco é aumentada ainda mais, quando ele for misturado com saliva, graças à ação dos nitratos salivares. O hábito de "mergulhar o rapé" aumenta em 4 vezes a incidência do câncer intra-oral e em 50 vezes a incidência dos tumores da mucosa oral e gengiva.

Com a popularidade crescente do tabaco sem fumaça, a produção desses produtos nos Estados Unidos aumentou vertiginosamente nos últimos anos. De acordo com o Departamento de Agricultura dos Estados Unidos, a produção do rapé úmido aumentou em 83 por cento, de cerca de 11 toneladas em 1985 para 20 toneladas em 1993.

Como Parar de Fumar

Tendo em vista que estudos recentes demonstraram que a nicotina do tabaco causa dependência, o mesmo se aplica aos cigarros, charutos e tabaco sem fumaça. A nicotina existente nesses produtos é facilmente absorvida pelos pulmões, nariz e boca. Embora esse fenômeno de dependência explique porque não é fácil parar de fumar, isso pode ser feito; centenas de milhares de pessoas conseguiram eliminar esse vício. O principal fator motivador é saber que, quando se deixa de fumar, a saúde melhora e a vida é prolongada.

Existem alguns estratagemas que foram desenvolvidos para reduzir o interesse do fumante pelo fumo e atenuar a angústia associada à interrupção do tabagismo. A Sociedade Americana do Câncer propôs as seguintes recomendações, que dificilmente poderiam ser aperfeiçoadas.

Nos Estados Unidos, existem mais de 37 milhões de ex-fumantes. Cada um deles precisou tomar a decisão de parar porque o tabagismo de cigarros era um hábito dispendioso e destrutivo — "era hora de parar". Quando você pára de fumar, o corpo começa a recuperar-se imediatamente, a menos que a lesão produzida não possa ser revertida. Os sintomas bem conhecidos como falta de ar, problemas relacionados aos seios da face e tosse persistente começam a regredir.

Quando os Fumantes Param de Fumar...

EM 20 MINUTOS:
- A pressão arterial volta ao normal.
- A freqüência do pulso cai ao normal.
- A temperatura corporal nas mãos e nos pés aumenta aos níveis normais.

EM 8 HORAS:
- O nível de monóxido de carbono no sangue diminui a valores normais.
- O nível de oxigênio no sangue aumenta a patamares normais.

EM 24 HORAS:
- O risco de acidentes cardíacos diminui.

EM 48 HORAS:
- As terminações nervosas começam a crescer novamente.
- Os sentidos do olfato e paladar melhoram.

DE 2 SEMANAS A 3 MESES:
- A circulação melhora.
- O caminhar torna-se mais fácil.
- A função pulmonar melhora em até 30 por cento.

DE 1 A 9 MESES:
- Sintomas como tosse, congestão dos seios da face, fadiga e falta de ar são atenuados.
- Os cílios do epitélio pulmonar começam a crescer novamente, aumentando as capacidades de eliminar muco, limpar os pulmões e reduzir as infecções.
- A energia global do corpo aumenta.

EM 1 ANO:
- O risco aumentado de doença cardíaca coronariana cai à metade, em relação a um fumante.

EM 5 ANOS:
- A taxa de mortalidade por câncer de pulmão do fumante médio (um maço por dia) diminui em quase 50 por cento.
- Cinco a 10 anos depois de parar de fumar, o risco de acidente vascular cerebral é reduzido aos níveis das pessoas que não fumam.

- O risco de câncer da boca, garganta e esôfago é a metade do risco de um fumante.

EM 10 ANOS:
- A taxa de mortalidade por câncer do pulmão é igual à dos não fumantes.
- As células pré-cancerosas foram substituídas.
- Os riscos de cânceres da boca, garganta, esôfago, bexiga, rim e pâncreas diminuem.

EM 15 ANOS:
- O risco de doença cardíaca coronariana é igual ao de uma pessoa que não fuma.

Problemas Associados à Abstinência

A nicotina produz efeitos fisiológicos e psicológicos quando não for mais usada. Os sintomas fisiológicos persistem por cerca de uma semana. Embora os fatores psicológicos estejam presentes por mais tempo, quanto mais tempo você ficar sem fumar, mais eles serão atenuados.

Em resumo: qualquer pessoa que quiser parar de fumar pode consegui-lo; é apenas uma questão de tomar a decisão e passar à prática.

Você ficaria surpreso em saber como é fácil interromper o uso do tabaco para as pessoas que já desenvolveram câncer. Infelizmente, nesse caso, a decisão terá vindo um pouco tarde.

Capítulo 6

Álcool e Câncer

O uso do álcool tem sua origem nos primórdios da humanidade. Essa droga, usada nas quantidades e ocasiões adequadas, tem ajudado o homem a enfrentar sua condição e, em contextos sociais e outros, tem sido capaz de aumentar a alegria de viver. Entretanto, quando for consumido em quantidades abusivas, o álcool impõe graves conseqüências. O papel que essa substância desempenha na carnificina de nossas auto-estradas é bem conhecido e não precisa ser comentado. Os alcoólicos e suas famílias sofrem dolorosamente nas áreas médica, social, psicológica e econômica. A relação entre ingestão excessiva de álcool e cirrose hepática é bem conhecida.

Contudo, um fato pouco conhecido é a relação entre álcool e desenvolvimento do câncer. Os cânceres associados com o abuso de álcool envolvem os tecidos intra-orais, inclusive língua, assoalho da boca, faringe e laringe. Além disto, as incidências dos cânceres de esôfago e fígado são maiores nas pessoas que bebem excessivamente.

A relação entre abuso do álcool e câncer oral é tão impressionante que, entre os médicos, existe um aforismo irreverente que diz que, se você encontrar câncer intra-oral num paciente, a pessoa por certo é alcoólica. Evidentemente, embora existam exceções a essa regra, a generalização é até certo ponto válida. Estudos realizados sobre a epidemiologia do câncer oral implicaram o álcool na patogenia desses tumores. Contudo, levando-se em consideração que a maioria dos alcoólicos inveterados também fuma excessivamente, é difícil diferenciar com precisão os papéis que tabaco e álcool desempenham na indução desses cânceres. Rothman e Keller estudaram detalhadamente 483 pacientes com cânceres da boca e da faringe e compararam esses indivíduos com 447 pessoas sem esses tumores, usadas como controle.

Os médicos calcularam os riscos relativos dos diversos níveis de consumo de álcool e tabaco e descobriram um aumento marcante do risco, proporcional à quantidade de álcool consumida por cada nível de consumo do tabaco, e vice-versa. O uso combinado de álcool e fumo em grandes quantidades aumentava o risco de desenvolver câncer intra-oral em 15 vezes, em comparação com as pessoas que não fumavam ou bebiam. Ainda não é possível determinar o mecanismo exato, através do qual o álcool e fumo produzem câncer de tecidos intra-orais, mas o fato de que eles aumentam suas chances de desenvolver esses tumores é inquestionável.

A situação oposta é encontrada entre os grupos como mórmons e adventistas do sétimo dia, que não fumam nem bebem, ou o fazem em quantidades muito limitadas. A taxa de incidência dos cânceres intra-orais entre essas pessoas é menor do que o índice registrado na população geral, e muito mais baixo do que as taxas observadas entre as pessoas que fumam e bebem excessivamente.

Todd é um exemplo lamentável do que pode acontecer a uma pessoa que adota os hábitos de beber e fumar excessivamente. Se esse paciente mantivesse o hábito de beber dentro dos limites "razoáveis" e parasse de fumar por completo, por certo não teria desenvolvido câncer da língua.

A morte por qualquer tipo de câncer geralmente é desagradável e dolorosa, mas a morte causada por câncer generalizado da cabeça e pescoço é particularmente angustiante. Esses pacientes sofrem terrivelmente, não apenas pela dor, mas também pela desfiguração física, dificuldade de engolir, problemas da fala, sangramentos, dificuldade de respirar e drenagem de pus e saliva. Agravando essa experiência agonizante, há a percepção de que a causa desse desastre foi desencadeada pelos próprios pacientes. A tarefa de cuidar desses pacientes nos hospitais é difícil, mesmo para os profissionais de saúde experientes; cuidar desses pacientes em casa é uma experiência insuportável para a família e os entes queridos.

Também está bem demonstrado que o consumo excessivo de álcool é um fator desencadeante do desenvolvimento de câncer do esôfago, principalmente entre os homens afro-americanos. O excesso de álcool pode causar cirrose hepática, que por fim leva ao desenvolvimento de câncer do fígado.

Todas essas considerações levam-nos à pergunta de o que é beber "razoavelmente". Evidentemente, é fácil definir os extremos do consumo de álcool. A pessoa que toma um ou dois drinques numa noite de sábado não tem muito a temer quanto aos efeitos devastadores do álcool. No outro lado do espectro, contudo, estão as pessoas que poderiam ser definidas inequivocamente como alcoólicas por qualquer um, com exceção de si próprios. Essas pessoas estão sob maior risco.

> O QUE É BEBER RAZOAVELMENTE?

É difícil responder qual nível de consumo é perigoso para a sua saúde, quando este nível estiver nas faixas intermediárias. Até certo ponto, a resposta depende de vários fatores, inclusive o tipo de bebida consumida, a rapidez com que é ingerida, se o álcool é usado com ou sem alimentos, etc. Há também o fator importante da resistência ou suscetibilidade individual à ação desses carcinógenos. Existem grandes variações entre cada pessoa, no que se refere a esses fatores. Infelizmente, a primeira indicação de que você é excepcionalmente suscetível ao câncer será o desenvolvimento de um tumor maligno. Nesse ponto, esse conhecimento tem valor duvidoso.

Portanto, o que é beber excessivamente? Para responder com clareza, eu acredito que beber mais de dois drinques por dia seja deletério à sua saúde. Se você questiona a rigidez desse critério, a pergunta que lhe faço é: "Por que você precisa beber mais de dois drinques por dia?"

Capítulo 7

Dieta e Nutrição

Durante todo o século XX, a função que a dieta e nutrição desempenham na patogenia do câncer tem sido tema de pesquisas crescentes. De início, havia ceticismo considerável sobre o papel dos gêneros alimentícios no desenvolvimento do câncer mas, nos últimos anos, os conceitos sobre esse assunto modificaram-se radicalmente. Hoje em dia, acredita-se que a dieta e nutrição sejam fatores importantes para a indução do câncer, contribuindo para o desenvolvimento de um terço de todos os tumores malignos, ou cerca de 400 mil casos de câncer por ano. Embora não se saiba exatamente como os fatores dietéticos atuam, modificações simples em sua dieta aumentarão suas chances de não vir a desenvolver esses cânceres.

Existem três linhas de investigação usadas para estudar a relação entre dieta e câncer; as pesquisas epidemiológicas, que estudam a ocorrência do câncer numa população, em comparação com certos traços como a dieta; as experiências nas quais são introduzidas modificações na dieta dos animais, para averiguar se a incidência do câncer é alterada; e os testes *in vitro*, realizados em laboratórios de pesquisa para determinar se agentes específicos possuem propriedades carcinogênicas.

Os cientistas estudam os resultados de todos esses três métodos de pesquisa, na tentativa de determinar com mais clareza a relação entre dieta e câncer. Quando os resultados de todos os três métodos indicam as mesmas conclusões, a determinação é clara; contudo, quando houver uma discrepância entre os resultados desses estudos, é difícil chegar a uma conclusão definitiva. Por exemplo, alguns estudos demonstraram que a sacarina tem ação carcinogênica branda nos animais de laboratório, mas não foi evidenciado qualquer efeito dessa substância em estudos epidemiológicos com seres humanos.

Uma falha dos estudos epidemiológicos sobre a dieta é que se torna extremamente difícil determinar com grande precisão o que as pessoas comem na verdade. Você sabe exatamente o que comeu no almoço de ontem? As análises da composição química exata dos alimentos que as pessoas afirmam ter consumido complica ainda mais essas investigações.

Entretanto, apesar de todos esses problemas, começa a surgir um consenso em torno da relação entre dieta e câncer. A primeira questão que se deve propor é se a quantidade total de alimentos consumidos influencia a indução do câncer. Nos animais de laboratório, parece que os que consomem quantidades totais menores têm incidência menor de tumores malignos. Nos seres humanos, as evidências são menos conclusivas, embora de acordo com alguns estudos pareça haver uma relação direta entre obesidade e incidência aumentada de alguns tumores, como o câncer de mama.

Outras evidências sugerem que o consumo de quantidades maiores de gordura animal esteja associado às incidências mais altas de alguns cânceres, especialmente de mama e intestino grosso. Essas conclusões foram obtidas analisando as taxas de incidência e mortalidade por cânceres de mama e cólon nas populações que usam porcentagens diferentes de gordura na dieta. Por exemplo, as mulheres japonesas têm incidência baixa de câncer de mama quando vivem no Japão, onde a dieta contém quantidades relativamente pequenas de gordura. Quando essas mulheres imigram para o Ocidente e adotam uma dieta ocidental com alto teor de gordura, sua incidência de câncer de mama começa a aumentar. Pesquisas de laboratório parecem confirmar essas observações. Em alguns modelos de tumores em animais, ficou evidente que a ingestão crescente de gordura facilita o desenvolvimento de cânceres em alguns órgãos.

Parece razoável supor que a dieta de Susan Webster — rica em calorias e gordura, típica da sociedade ocidental afluente — possa ter desempenhado alguma função no desenvolvimento do seu câncer de mama.

Algumas evidências indicam que o aumento da ingestão de proteínas possa estar associado a um risco maior de câncer. Entretanto nesse caso, um problema significativo é que é extremamente difícil diferenciar os efeitos dos teores elevados de proteína e gordura das dietas, já que estes dois componentes quase sempre estão interligados. Isso significa que a associação aparente entre dieta hiperprotéica e câncer pode, na verdade, ser devida à ingestão de grandes quantidades de gordura e não ser determinada pelo consumo de proteínas.

Os dados referentes à relação entre carboidratos (açúcares) e câncer são muito escassos e não permitem tirar quaisquer conclusões razoáveis.

Recentemente, a importância da fibra existente nos vegetais, nas frutas e nos cereais em grãos integrais tem recebido muita atenção, tanto dos consumidores, quanto dos cientistas. Alguns estudos indicaram que as dietas ricas em fibras protegem contra o desenvolvimento do câncer colorretal.

VITAMINAS

O papel das vitaminas no câncer também é um tema incessantemente discutido na mídia. Embora existam aqueles que defendem as vitaminas como medidas preventivas ou curativas do câncer, a maioria desses pronunciamentos não está baseada em fatos e exagera os benefícios prometidos. No entanto, a cada dia que passa aumentam evidências indicando que algumas vitaminas possam ser importantes para o desenvolvimento ou a prevenção do câncer. Parece que a incidência dessa doença diminui com o aumento do consumo de alimentos contendo vitamina A (como fígado) ou seus precursores (como os carotenóides das folhas verdes e dos vegetais amarelos). Essas conclusões foram apresentadas pela Comissão sobre Dieta, Nutrição e Câncer do Conselho Nacional de Pesquisa. Essa comissão, que investigou cuidadosamente essa área, concluiu que a própria vitamina A e muitos dos retinóides são capazes de suprimir tumores induzidos por algumas substâncias químicas. Outro resultado desses estudos foi que os alimentos ricos em carotenos (ou vitamina A) estavam associados à redução do risco de câncer. Entretanto, é importante assinalar que a vitamina A é tóxica em doses maciças e que seu consumo acima das quantidades necessárias para a nutrição adequada pode ser perigosa.

Alguns estudos sugeriram que o consumo de alimentos contendo vitamina C, tais como frutas cítricas e vegetais frescos, possa estar associado a um risco menor de desenvolver alguns tumores do aparelho digestivo.

A maioria dos especialistas concorda em que é muito melhor obter vitaminas dos gêneros alimentícios integrais e naturais, do que utilizar suplementos dietéticos como pílulas de vitaminas, selênio, antioxidantes, etc.

Alguns pesquisadores calcularam que a dieta seja responsável por 30 a 40 por cento dos cânceres dos homens e por 60 por cento das doenças malignas das mulheres. Mesmo que esses cientistas não estejam totalmente certos, não há dúvida de que a dieta é um fator a ser considerado pelas pessoas prudentes.

Portanto, é importante seguir algumas recomendações de consenso:

1. Reduza o consumo de gordura animal e as calorias totais da sua dieta. A gordura em excesso na dieta parece estar relacionada ao aumento da incidência de alguns tipos de câncer. Além disto, independentemente, a ingestão calórica total pode ter o mesmo efeito. É relativamente fácil fazer restrições dietéticas à gordura e às calorias totais.

   Além de reduzir suas chances de desenvolver câncer, as restrições de gorduras e calorias também reduzem a obesidade, facilitando o diagnóstico e tratamento de qualquer tumor maligno que você venha a ter. Um tumor de mama medindo 1,5 centímetros é detectado muito mais facilmente pela própria paciente ou por seu médico numa pessoa magra, do que nas mulheres com mamas gordas e volumosas. A obesidade de sempenha uma função deletéria no diagnóstico do câncer de mama. Além disto, ela aumenta a dificuldade de tratar o câncer, principalmente no caso dos tumores intra-abdominais tratados cirurgicamente. O cirurgião tem mais dificuldades técnicas ao operar pacientes obesos. Operações que poderiam ser simples numa pessoa magra podem ser mais difíceis num indivíduo com sobrepeso significativo. Os inconvenientes resultantes do peso excessivo do paciente podem ser um tempo mais longo no centro cirúrgico e o aumento da incidência de infecção e outras complicações.

Portanto, por vários motivos, reduza sua ingestão calórica total e a porcentagem de gordura da sua dieta. Essas medidas podem ser muito importantes na prevenção do câncer ou facilitar seu tratamento, caso ele venha a ocorrer. Além disto, essas medidas também são importantes para a saúde em geral, já que a redução do peso e a restrição de gordura diminuem suas chances de desenvolver doença cardiovascular.

2. Uma outra recomendação geral relativa à prevenção é que a ingestão de betacaroteno ou vitamina A deve ser liberal. Os alimentos ricos em betacaroteno são cenouras, vegetais amarelos e folhas verdes e frutas de tonalidade amarela. Couve de Bruxelas e outros vegetais da família do repolho e da couve-flor não são apenas saudáveis para você, mas também parecem conter enzimas que inativam ou eliminam os carcinógenos. Além disto, os cereais em grãos integrais e os alimentos ricos em fibras também parecem reduzir a incidência do câncer de cólon.

3. Uma outra medida importante é reduzir ao mínimo o consumo de alimentos salgados ou defumados. Existem evidências epidemiológicas sugerindo que o consumo excessivo de produtos salgados ou defumados nos países como o Japão e a Islândia esteja associado ao aumento significado das taxas de incidência do câncer de estômago. Na verdade, a incidência desse tipo de câncer é muito alta no Japão, mas diminui na primeira geração dos japoneses que se mudaram para o Havaí. Isso sugere nitidamente um fator ambiental e, por certo, também dietético na indução do câncer gástrico.

4. Você também pode reduzir suas chances de desenvolver alguns tipos de câncer seguindo recomendações dietéticas bastante simples. Controle seu peso corporal restringindo a ingestão calórica total e a porcentagem de gordura animal consumida diariamente. Além disto, pratique exercícios várias vezes por semana para atingir a mesma meta.

Vale lembrar que muitos de nós somos viciados em dietas que produzem câncer. Comemos em excesso e praticamos pouco exercício, ou seja, temos tendência ao sobrepeso. Consumimos quantidades excessivas de gorduras, especialmente as de origem animal. Somos grandes consumidores de pizzas e outros alimentos gordurosos. Se intencionalmente quiséssemos planejar estilos de vida que aumentassem os riscos à nossa saúde, não poderíamos ter feito melhor trabalho, do que conseguimos realizar inadvertidamente.

Nunca é tarde demais para modificar sua dieta. Faça isso hoje mesmo, para seu benefício e de sua família. Desenvolva hábitos dietéticos saudáveis em suas crianças. Prefira comer mais alimentos de origem vegetal e reduza os itens ricos em gordura, especialmente de origem animal. É melhor obter suas fibras e vitaminas comendo produtos alimentícios integrais, como frutas e vegetais, do que usando suplementos dietéticos ou vitaminas e sais minerais (Apêndice 1).

ORIENTAÇÕES PARA SUA DIETA

Enfatize	Reduza
Não comer calorias em excesso; comer demais.	A ingestão alimentar excessiva — mantenha as calorias em quantidades normais
Peixes, aves, carnes magras.	O consumo de muita gordura — tanto a saturada, quanto a insaturada.
Fibras dos vegetais, frutas e cereais cereais em grãos integrais.	O consumo de álcool.
Alimentos ricos em vitamina "A": fígado, folhas verde-escuras e vegetais amarelos.	Alimentos defumados. Alimentos salgados ou condimentados. Carne bovina ou peixe tostado.
Vitamina C contida em alimentos: frutas cítricas frescas e vegetais Vegetais crucíferos: repolho, brócolos, couve-flor, couve de Bruxelas Peso corporal normal Exercícios	Cocção no carvão Nitratos e nitritos

Capítulo 8

Sol e Câncer

Há mais de um século, têm sido acumuladas evidências de que a exposição excessiva à luz solar causa câncer de pele. As incidências elevadas desses cânceres entre marinheiros e agricultores são evidências desse fato. Mais tarde, descobriu-se que o fator responsável pelo câncer de pele é o componente ultravioleta da luz solar. A radiação ultravioleta (UV), que é invisível a olho nu, é o componente do espectro eletromagnético com comprimento de onda mais curto do que a luz violeta. Sob o ponto de vista clínico, é particularmente preocupante a chamada radiação UV-B, que se encontra nas faixas intermediárias do espectro ultravioleta. Quando quantidades pequenas dessa radiação UV-B deixam de ser absorvidas pela atmosfera e chegam à superfície terrestre, os raios UV-B aceleram o processo de envelhecimento da pele e produzem queimaduras solares.

Durante os últimos anos, tem sido observada uma redução da espessura da camada de ozônio. O ozônio é um dos componentes principais da nossa atmosfera e protege os seres humanos da radiação UV excessiva, absorvendo a maior parte da luz ultravioleta. Conseqüentemente, a redução da camada de ozônio da estratosfera aumenta a quantidade de radiação UV-B que chega à Terra. O chamado "escudo de ozônio" está sendo reduzido pelo uso dos aviões supersônicos, das armas nucleares e dos fertilizantes à base de nitrogênio. Os halocarbonetos, conhecidos comumente como "freons", são gases inertes usados como propelentes dos aerossóis e nos refrigeradores, que se dispersam pela atmosfera e também destroem o ozônio. A redução dessa camada protetora aumentará a incidência do câncer de pele.

A latitude, ou distância do equador, também desempenha uma função importante no desenvolvimento do câncer de pele. Algumas determinações diretas demonstraram que existem aumentos significativos na quantidade de radiação UV por latitude. Por exemplo, no inverno, a medição de UV em Mauna Loa, Havaí, que se localiza a 20 graus de latitude norte, é de 6 mil. A medição em Tallahassee, na Flórida, situada 30 graus ao norte, é a metade deste valor, ou seja, 3 mil; essas medições diminuem progressivamente em outras cidades americanas localizadas mais ao norte. Por exemplo, a medição de UV em Philadelphia, situada 40 graus acima do equador, é de cerca de 1.200, enquanto que em Bismarck, Dakota do Norte, localizada a 47 graus, é de 1 mil (Scots, et al.).

Um estudo demonstrou que foram diagnosticados muito menos cânceres de pele em Seattle, Washington, do que na população americana de Albuquerque, Novo México. Outra pesquisa evidenciou que as taxas de incidência desse câncer por 100 mil habitantes são de 73 casos no Texas, 58 em New York e 34 no Alasca.

A altitude também é um fator determinante do desenvolvimento do câncer de pele. À medida em que a altitude aumenta, a atmosfera que atua como filtro diminui, aumentando a exposição à luz ultravioleta. Para cada aumento de 1 mil metros da altitude, há uma intensificação de 15 por cento na quantidade de raios ultravioletas que atingem a superfície da Terra. Quando se combinam baixa latitude com altitude elevada, como no caso de Albuquerque, a população está sujeita à exposição mais intensa à radiação UV e é mais suscetível ao câncer de pele.

Entretanto, muito importante também é a suscetibilidade ou resistência intrínseca do indivíduo aos efeitos da radiação UV. O câncer de pele é uma doença típica das pessoas da raça branca, principalmente indivíduos de pele clara, olhos azuis e cabelos solto: loiros ou vermelhos. Em geral, essas são as pessoas que sofrem queimaduras solares enquanto caminham da estrada até um quiosque na praia.

Elas têm muita dificuldade de bronzear e sua pele parece "fina". Já que esses indivíduos de cabelos louros ou vermelhos e olhos azuis geralmente têm origem escocesa ou irlandesa, esses grupos têm taxas de incidência desproporcionalmente elevadas do câncer de pele. Uma experiência natural ocorreu quando a Grã-Bretanha fundou uma colônia na Austrália. Essa aventura social expôs uma população, mal condicionada por natureza para enfrentá-la, aos raios implacáveis da radiação UV. Consequentemente, a incidência anual do melanoma — um tipo de câncer de pele — em Queensland, Austrália, é de 14 homens e 17 mulheres por 100 mil habitantes. Isso significa uma taxa anual média de 16 melanomas por 100 mil habitantes e é a maior incidência relatada para esse câncer em todo o mundo.

Por outro lado, quanto mais pigmentada for a pele, maior a proteção contra o espectro ultravioleta dos raios solares e menor a chance de desenvolver câncer de pele. Os orientais, latinos e principalmente os afro-americanos têm incidências muito baixas dessas doenças. Essa taxa reduzida parece estar relacionada com o papel protetor da melanina, que é um pigmento da pele. Quanto mais melanina a pele tiver, mais escura será e maior a proteção contra a radiação ultravioleta.

Um outro fator que contribui para o desenvolvimento do câncer de pele pode ser atribuído às modificações do estilo de vida ocorridas nos últimos 50 anos. Primeiramente, as pessoas parecem ter mais tempo para atividades de lazer, em geral sob o sol. As roupas também se tornaram cada vez mais sumárias, enquanto que guarda-sol é coisa do passado. Além disto, os costumes modernos aparentemente exigem períodos mais prolongados de banhos solares; hoje em dia, o desejo coletivo é ter uma pele cor de mogno.

Portanto, não é surpreendente que a incidência dos melanomas esteja aumentando rapidamente. Apenas na América do Norte, o aumento anual registrado gira em torno de nove por cento. Em apenas uma década, a taxa de incidência dos melanomas foi duplicada. Infelizmente, em alguns pacientes esse tipo de câncer pode ter uma evolução muito agressiva.

Medidas simples e corriqueiras diminuem suas chances de desenvolver câncer de pele. Aplique essas medidas, especialmente se você estiver sob maior risco de desenvolver esses tumores — se for uma pessoa de olhos azuis e cabelos louros ou vermelhos. Tome cuidado com a exposição excessiva ao sol. Durante o verão, se for possível, você deve reduzir sua exposição direta aos raios solares entre às 10 horas da manhã e às 14 horas da tarde. Durante esse intervalo, os raios solares incidem diretamente sobre você e o espectro UV é filtrado por apenas 24 quilômetros da atmosfera. Contudo, nas primeiras horas da manhã e ao final da tarde, os raios solares incidem em ângulo oblíquo com relação à atmosfera e a profundidade da filtragem protetora é aumentada acentuadamente para cerca de 480 quilômetros.

As roupas protetoras, como um chapéu de aba larga para a cabeça e região do pescoço, e os filtros solares podem ajudar a proteger sua pele. Existem algumas dessas preparações no mercado. Os filtros com ácido para-aminobenzóico (PABA) são particularmente eficazes. As potências desses agentes bloqueadores solares são classificadas como Fator de Proteção Solar (FPS) e variam de 2 (mais fraco) a 60. Escolha a potência adequada para suas necessidades pessoais. Um filtro com FPS de 15 é muito eficaz. Esses filtros podem ser escolhidos para permitir o bronzeamento gradativo ou nenhum bronzeado. A escolha do fator mais adequado depende da suscetibilidade pessoal aos raios solares.

> PARA PROTEGER SUA PELE, USE ROUPAS PROTETORAS E FILTROS SOLARES.

Evite a todo custo as queimaduras solares. Além de serem desconfortáveis, alguns especialistas acreditam que essa exposição intensa e súbita ao sol possa desencadear o desenvolvimento de um melanoma. Essa teoria sustenta que a exposição prolongada ao sol, como a que se submetem os agricultores, tem mais chances de produzir cânceres basocelulares ou espinocelulares da pele. Esses tumores, embora não sejam tão preocupantes quanto o melanoma, apesar disto causam certa preocupação.

Ao longo da história, acreditava-se que o melanoma fosse uma doença das pessoas com mais de 40 anos. Entretanto, a experiência clínica indica que pacientes cada vez mais jovens — alguns no início da segunda década — estão desenvolvendo melanomas. Isso poderia sugerir que os cuidados para evitar a exposição excessiva ao sol deveriam ser iniciados na infância. Os pais devem cuidar para que seus filhos pequenos evitem as queimaduras solares e os adolescentes devem ser alertados quanto aos perigos da exposição excessiva ao sol e à importância de usar filtros solares, especialmente quando estiverem na praia. As modificações comportamentais são efetuadas muito mais facilmente na infância; ajude seus filhos a desenvolver uma conduta prudente em relação ao sol.

Além disto, a importância do bom senso deve ser enfatizada. Não há necessidade de as mulheres usarem guarda-sóis, ou de os homens vestirem uma roupa de banho estendendo-se até abaixo do joelho. Embora você possa e deva divertir-se com atividades sob o sol, isso deve ser feito com segurança; use o máximo de roupas protetoras quanto possível e não permaneça horas seguidas deitado sob o sol. Embora tostar a pele ao sol nem sempre provoque câncer de pele, isso leva ao envelhecimento precoce da pele e você parecerá uma ameixa, quando tiver 40 anos. Sente-se à sombra, em vez de ficar exposto ao sol. Uma medida simples como usar uma camiseta na praia pode ser providencial para uma pessoa sob risco elevado. Já que os melanomas que se desenvolvem no dorso dos homens têm crescimento exponencial particularmente agressivo, esses tumores podem ser evitados por essa medida simples.

Você ainda pode adquirir um bronzeado atraente, mas use o bom senso. Dependendo da sua constituição pessoal, no primeiro dia comece lentamente com 20 minutos de exposição de frente e de costas. Aos poucos, aumente seu período de exposição. Quando você tiver adquirido um bronzeado que lhe agrade, evite a exposição adicional ao sol. O máximo que você conseguirá com a exposição excessiva é lesar sua pele.

Um outro risco em potencial para o desenvolvimento do câncer de pele é a utilização das lâmpadas de bronzeamento. Os defensores dessa abordagem sugerem que a radiação UV que elas empregam não seja carcinogênica. Entretanto, esses aparelhos estão sendo comercializados há muito pouco tempo e seus efeitos de longo prazo não podem ser previstos com segurança. Aqui também se recomenda cautela.

Com as precauções adequadas, você pode aproveitar o sol do verão como qualquer outra pessoa, embora ao mesmo tempo reduzindo seus riscos de desenvolver câncer de pele.

Capítulo 9

Substâncias Químicas e Câncer

Há mais de 200 anos, sabemos que algumas substâncias químicas podem causar câncer. Em 1775, Sir Percival Pott, médico londrino, notou pela primeira vez a ocorrência de câncer escrotal nos limpadores de chaminés dessa cidade. Essa foi a primeira demonstração da carcinogenicidade das substâncias químicas do alcatrão mineral. A exposição diária dos limpadores de chaminés ao alcatrão da fuligem, combinada com suas condições sócio-econômicas que impediam a higiene adequada com banhos diários, levava à irritação crônica da pele pela fuligem acumulada nas pregas do escroto.

Esses limpadores de chaminés pagavam um preço alto pela oportunidade de assegurar sua sobrevivência. Eles desenvolviam cânceres que os levavam à morte, simplesmente porque ignoravam o potencial carcinogênico dos compostos do alcatrão presentes na fuligem e porque não retiravam tais substâncias pelo banho diário.

Embora o problema de saúde pública do câncer dos limpadores de chaminés tenha sido resolvido há muitos anos, o dilema da relação entre substâncias químicas e câncer persiste até hoje e foi ampliado em mil vezes. Alguns especialistas estimaram que cerca de dez por cento das mortes por câncer sejam devidas à exposição química.

Hoje em dia, existem cerca de quatro milhões de substâncias químicas conhecidas, tanto naturais quanto sintéticas; mais de 60 mil dessas substâncias são utilizadas comumente e mais de 1 mil compostos novos são introduzidos todos os anos. A grande maioria desses compostos químicos jamais foi avaliada quanto à sua carcinogenicidade.

Na verdade, alguns aspectos desses dados estatísticos são assustadores. Por exemplo, o papel do asbesto no desenvolvimento do câncer foi reconhecido apenas recentemente. Por esse motivo, dentre cerca de um milhão profissionais que trabalharam ou trabalham com asbesto nos Estados Unidos, calcula-se que 300 mil a 400 mil — um índice assustadoramente alto de 30 a 40 por cento — morrerão de câncer. O risco carcinogênico do asbesto é aumentado pelo tabagismo de cigarros; uma pessoa que trabalhe há muitos anos com asbesto e também fume cigarros tem chances 60 vezes maior de desenvolver câncer do pulmão, do que um indivíduo que jamais tenha fumado ou trabalhado num ambiente com exposição ao asbesto.

Felizmente, até onde se sabe, a grande maioria das substâncias químicas não causa câncer. Na verdade, relativamente poucas substâncias produzem tumores malignos comprovados. A maioria dos compostos químicos — mesmo as que foram consideradas tóxicas ou perigosas para nossa saúde — não causa câncer. Por exemplo, num estudo, foram testados 120 pesticidas e compostos químicos industriais sob as maiores doses possíveis para camundongos de laboratório. Essas substâncias químicas foram escolhidas porque havia suspeita de que fossem carcinógenos. No entanto, depois de dois anos de pesquisas, apenas 11 desses compostos produziram câncer nos animais de experiência.

• • •

Os carcinógenos podem ser definidos como agentes (sintéticos ou naturais) que causam câncer e podem ser encontrados em qualquer parte. Esses compostos podem ser concentrados em ambientes ocupacionais, nos quais são usados nos processos de fabricação ou desenvolvidos como subprodutos desses processos. Quase sempre, o câncer desenvolve-se muito lentamente depois da exposição a um carcinógeno. Os cânceres humanos geralmente aparecem 5 a 40 anos depois da exposição a um agente carcinogênico. Esse intervalo entre a exposição e o desenvolvimento do câncer é conhecido como período de latência; nos casos de câncer, esse período de latência longo explica porque é difícil incriminar um carcinógeno específico no desenvolvimento de um câncer em especial.

O mecanismo pelo qual os compostos químicos induzem o câncer é muito complexo, já que o desenvolvimento de um tumor passa pelas etapas de iniciação e promoção. O desencadeante químico administrado a um animal não causa câncer por si próprio, mas inicia esse processo. Em seguida, um agente promotor, que nem sempre tem ação cancerígena direta, induz o crescimento maligno quando for administrado a um animal que já recebeu o agente desencadeante. Para aumentar a confusão, também pode haver a participação de fatores individuais de natureza genética ou virótica.

Evidentemente, a detecção dos carcinógenos em nosso ambiente é uma tarefa hercúlea. Essa detecção é realizada por estudos *in vivo* (envolvendo seres vivos) e *in vitro* (em testes de laboratório). Entre os métodos *in vivo* para detectar carcinógenos estão as observações clínicas efetuadas pelo médico, por exemplo a constatação do câncer em limpadores de chaminés realizada por Pott. As abordagens mais sofisticadas são as pesquisas epidemiológicas, que procuram relacionar a ocorrência significativamente mais comum de um câncer com um agente específico. Além disto, existem bioensaios com animais de experiência, nos quais um composto químico suspeito de ser carcinogênico é administrado a um rato ou camundongo por períodos longos, em geral durante toda a vida. Esse método, embora seja demorado e dispendioso, é um dos mais valiosos para determinar o potencial carcinogênico. Dentre todos os carcinógenos humanos conhecidos, com exceção de dois (benzeno e arsênico), todos tiveram testes positivos como carcinógenos em bioensaios com roedores.

Embora os bioensaios tenham uma correlação científica segura com o câncer humano, os problemas práticos da avaliação de compostos químicos por esse método são significativos. Os ensaios padronizados com roedores para um único composto químico necessitam de cerca de 600 animais, que são estudados durante um período de dois anos, a um custo de centenas de milhares de dólares. Além disto, esses ensaios geralmente exigem doses altas do agente estudado e os dados são obtidos apenas com duas cepas específicas de ratos e camundongos. Infelizmente, pode haver diferenças significativas no potencial carcinogênico entre as diversas cepas e espécies, em resposta a qualquer carcinógeno teórico específico. Portanto, a presença de um carcinógeno poderia passar despercebida com a utilização de um sistema experimental inadequado.

Na tentativa de acelerar as pesquisas com carcinógenos e reduzir seus custos, têm sido desenvolvidos alguns ensaios *in vitro*, ou testes realizados em tubos de experiência. Um desses ensaios populares é o Teste de Ames, que expõe uma cultura de bactérias a um carcinógeno suspeito, a fim de determinar se elas desenvolvem alguma alteração genética. Se essa alteração mutagênica ocorrer, o composto químico é considerado um carcinógeno em potencial e deve ser submetido a estudos adicionais mais detalhados. O ensaio de Ames tem precisão de cerca de 90 por cento nos casos em que foi usado com agentes carcinogênicos e não carcinogênicos.

Alguns compostos químicos estão associados ao desenvolvimento do câncer em seres humanos. A exposição ao benzeno aumenta a incidência de leucemia; a benzidina e betanaftilamina foram relacionadas com o desenvolvimento do câncer de bexiga; o cloreto de vinil foi associado ao aumento da incidência de um tumor hepático raro, conhecido como angiossarcoma; e o arsênico e os compostos do alcatrão foram relacionados com o aumento da incidência do câncer de pele.

Algumas medidas relativamente simples conferem proteção significativa contra esses e outros compostos químicos. O mais importante é que você esteja informado acerca da natureza das substâncias químicas às quais se expõe. Elas são carcinogênicas? Em caso positivo, o que você pode fazer para reduzir a exposição?

No trabalho, respeite as regras! Use roupas e equipamentos de segurança adequados, tais como máscara, caso os regulamentos do trabalho exijam.

Não coma ou beba numa área em que houver compostos químicos. Não tenha tanta certeza de que você ficará doente, quando tiver violado as instruções de segurança; lembre-se de que a carcinogênese química demora anos para desenvolver-se.

Em casa, saiba quais são as substâncias químicas que estão no seu ambiente e o que elas podem causar. Evite a exposição prolongada aos solventes domésticos, líquidos de limpeza e removedores de tintas. Alguns desses compostos podem ser perigosos, se forem inalados em concentrações altas.

Tome cuidado e siga as instruções quando estiver usando compostos químicos. Pesticidas, fungicidas e outros compostos químicos usados em jardinagem e irrigação devem ser aplicados com cuidado. Mantenha esses agentes longe do alcance das crianças pequenas.

A preparação e administração de alguns agentes quimioterápicos usados contra o câncer podem ser perigosas. Níveis elevados de substâncias mutagênicas foram detectados na urina das enfermeiras que administram esses medicamentos. As enfermeiras e os farmacêuticos devem tomar precauções para evitar sua própria exposição.

Guarde na memória o exemplo dos limpadores de chaminés de 200 anos atrás — se as medidas adequadas tivessem sido tomadas, esses cânceres teriam sido evitados.

Capítulo 10

Cânceres Sexualmente Transmissíveis

O câncer da cérvice (colo uterino) é uma doença venérea. Essa relação foi demonstrada há várias décadas. O desenvolvimento do tumor está relacionado de alguma forma com as relações sexuais. Esse conhecimento permite que apliquemos algumas medidas para reduzir a incidência do câncer da cérvice.

CÂNCER DA CÉRVICE UTERINA

A cérvice é o colo cilíndrico do útero, que se projeta inferiormente adentro da vagina e é coberta por uma camada fina de células achatadas, conhecidas como células escamosas. O revestimento interno do canal endocervical está coberto por mais células planas, conhecidas como epitélio colunar. A região em que as células colunares e escamosas se encontram é conhecida como zona de transição ou zona T. Os fatores carcinogênicos transformam as células normais em câncer nessa zona.

Graças aos estudos epidemiológicos extensivos, sabemos quais são os fatores e eventos que aumentam significativamente o risco de desenvolver câncer da cérvice. Uma das primeiras observações foi que o câncer cervical quase nunca ocorria nas mulheres virgens; na verdade, essa doença é extraordinariamente rara entre as freiras. Com base nessa observação, a relação entre atividade sexual e câncer do colo uterino foi analisada. Uma constatação fundamental indicava que a idade da mulher por ocasião da primeira relação sexual correlacionava-se diretamente com o risco de desenvolver esse câncer. As mulheres que iniciavam as atividades sexuais antes dos 20 anos tinham aumentos de duas a três vezes no risco de desenvolver câncer cervical, em comparação com as mulheres que tiveram sua primeira experiência sexual mais tarde. Quanto mais precoce for a primeira relação, maior o risco de desenvolver esse câncer. Por que isso ocorre? A cérvice da adolescente parece ser mais suscetível à ação dos agentes carcinogênicos, do que o colo uterino da mulher adulta, isto porque na adolescência a cérvice tem uma zona T mais ampla.

O número de parceiros sexuais que a paciente teve também está relacionado diretamente com o aumento do risco. Esse tipo de informação foi analisada por pesquisas epidemiológicas, que estudaram mulheres que tiveram vários casamentos, separações e divórcios. As mulheres que se casaram várias vezes ou tiveram vários parceiros têm aumentos de duas a três vezes no risco de desenvolver câncer do colo uterino, em comparação com as pessoas que tiveram apenas um parceiro sexual; o câncer da cérvice é muito comum entre as prostitutas.

Outro fator que favorece a indução do câncer cervical é se o companheiro da paciente é ou não circuncidado. A incidência baixa do câncer cervical entre as mulheres judias sugeriu essa especulação. Alguns dados indicam que possa haver uma incidência ligeiramente menor desse tipo de câncer entre as companheiras de homens circuncidados. A falta da circuncisão é considerada um fator de risco, embora não tão importante, para o desenvolvimento do câncer cervical; esse fator está mais relacionado com a higiene peniana, do que com a circuncisão.

É importante assinalar que esses estudos enfatizam o papel dos homens na indução do câncer cervical e procuram determinar o mecanismo exato desse processo. Todas as evidências implicam as infecções viróticas sexualmente transmissíveis no desenvolvimento desse câncer.

É difícil fazer quaisquer afirmações seguras acerca da relação entre contracepção e câncer cervical, já que existem tantas variáveis e fatores agravantes envolvidos. As mulheres que usam anticoncepcionais orais podem ter prevalência maior do câncer uterino, do que as mulheres que utilizam diafragma. Evidentemente, as práticas sexuais da paciente influenciam outros fatores, além da escolha do método anticoncepcional, tornando muito difícil atribuir o aumento da incidência do câncer cervical apenas ao tipo de contracepção usado.

A possibilidade de que o câncer cervical seja causado por um agente infeccioso tem sido amplamente estudada, tanto em laboratórios, quanto no contexto clínico. O papilomavírus humano (PVH) na verdade é um grupo de vírus específicos, cada qual designado por um número romano, que são responsáveis por algumas doenças dos seres humanos, tais como verrugas comuns, verrugas plantares (sola do pé) e papilomas laríngeos. Esses vírus também causam o condiloma acuminado (verrugas venéreas) e a neoplasia intra-epitelial cervical (transformação em células tumorais).

As verrugas venéreas são mais comuns na faixa etária em que as atividades sexuais são mais freqüentes, ou seja, nos primeiros anos da vida adulta. A grande maioria das pacientes com esses tumores tem idades entre 14 e 24 anos. Essa condição é extremamente comum e ocorre em cerca de três por cento da população. Essas verrugas ocorrem nos homens e nas mulheres e são causadas pela transmissão do PVH de um parceiro sexual para outro. Os PVH associados às verrugas anogenitais são dos tipos VI e X.

O papilomavírus humano (tipos XVI e XVIII) também foi detectado numa porcentagem alta das pacientes com câncer cervical. As marcas genéticas desse vírus foram encontradas não apenas nas células cancerosas da cérvice, como também nas metástases ganglionares desses tumores. O PVH também foi identificado nas alterações neoplásicas benignas do colo uterino, que comumente progridem para câncer cervical.

A implicação de todos esses estudos é que um agente virótico (PVH) é transmitido durante as relações sexuais, produzindo alterações celulares na região anogenital. Esse vírus pode causar doenças benignas, como os condilomas acuminados. Em algumas mulheres, o PVH pode produzir alterações celulares displásicas, que em alguns casos evoluem para câncer cervical.

O câncer do colo uterino é uma doença relacionada com as condições sócio-econômicas, pois sua freqüência é muito maior nas mulheres que pertencem aos grupos sócio-econômicos menos privilegiados. Embora essa doença seja diagnosticada com grande freqüência na população negra americana, essa associação é atribuível principalmente aos fatores sócio-econômicos, em vez da raça, já que a taxa de incidência entre as mulheres brancas pobres é semelhante.

As taxas de incidência do câncer cervical também variam acentuadamente nos diversos países. Nos Estados Unidos, essa doença tornou-se relativamente rara, por certo devido aos benefícios do rastreamento pelo teste de Papanicolau (mais conhecido como Esfregaço de Pap), que possibilita a detecção precoce das alterações neoplásicas na cérvice e a instituição imediata do tratamento. A situação oposta acontece nos países da América Latina, onde a doença é endêmica e a causa principal de mortes por câncer entre as mulheres. As mulheres latino-americanas têm taxas de incidência três a quatro vezes maiores do que as mulheres brancas dos Estados Unidos. A conclusão advinda dessas observações é inequívoca. Embora os mecanismos exatos da transmissão e indução tumorais não estejam totalmente esclarecidos, o câncer cervical sem dúvida é uma doença venérea.

Devido às mudanças do comportamento social, números cada vez maiores de mulheres estão iniciando as atividades sexuais precocemente; por esse motivo, algumas delas desenvolverão alterações neoplásicas do colo uterino, que pode não estar suficiente maduro para desenvolver um nível eficaz de resistência aos vírus transmitidos pelas relações sexuais. As condutas pessoais e as políticas públicas cautelosas exigem que os riscos das relações sexuais precoces e promíscuas sejam discutidos abertamente com as mulheres jovens. Embora esse processo educativo não consiga retardar o início das atividades sexuais em todas as pessoas, uma porcentagem significativa das mulheres jovens informadas e orientadas dessa forma aceitará esse conselho. Se a opção não for a abstinência sexual, o uso dos preservativos confere proteção eficaz contra a transmissão dos vírus.

SARCOMA DE KAPOSI

Nos últimos anos, houve um aumento extraordinário da incidência de um câncer de pele até então raro nos Estados Unidos — o sarcoma de Kaposi. Esse aumento foi causado pelos padrões de incidência marcantes entre pacientes com AIDS (Síndrome da Imunodeficiência Adquirida). O sarcoma de Kaposi resulta da depressão da resistência imunológica desses pacientes.

Até pouco tempo atrás, o sarcoma de Kaposi era muito raro nos Estados Unidos e acarretava o óbito apenas em casos raros. Antes, a doença geralmente ocorria nos homens idosos na sexta e sétima décadas de vida. Esse tumor, que tinha evolução clínica crônica e muito lenta, era caracterizado pelo aparecimento de manchas arroxeadas nos braços e nas pernas. Apenas em casos muito raros esse tumor invadia ou produzia metástases em órgãos distantes. Curiosamente, a maioria dos casos desse tumor incomum era diagnosticado nos homens idosos de origem italiana ou judia Ashkenazi.

Contudo, o tipo de sarcoma de Kaposi, cuja incidência atingiu proporções epidêmicas nos últimos anos nos Estados Unidos, é muito diferente. Esse tumor ocorre nos pacientes com AIDS e tem evolução alarmante e fatal, muito diferente do outro tipo. Essa doença é muito agressiva e pode realmente levar ao óbito, devido às metástases que se desenvolvem com rapidez em órgãos distantes.

Outros cânceres com incidências reduzidas também estão sendo diagnosticados na população de pacientes com AIDS. Entre eles estão o linfoma de Burkitt, o carcinoma de células escamosas da língua e o carcinoma cloacogênico do reto. Embora no passado esses tumores não fossem detectados nos homens homossexuais, sua incidência parece estar aumentando no transcurso da epidemia atual de AIDS.

Sob o ponto de vista da prevenção do câncer, são inequívocas as implicações para os homens homossexuais que não seguem práticas sexuais seguras e para os usuários de drogas intravenosas, que também desenvolvem AIDS.

Capítulo 11

Raios X e Câncer

A radiação X — tanto proveniente da natureza, quanto das fontes produzidas pelo homem — é um agente carcinogênico bem conhecido.

As fontes naturais de radiação incluem os raios cósmicos do sol, cuja exposição varia com a altitude, e a radiação terrestre que é diferente em cada região, de acordo com a existência natural de isótopos, tais como o urânio da terra. Essa radiação natural, ou básica, pode ser responsável pela indução do câncer humano, conforme foi evidenciado nos trabalhadores das minas de Schneeburg, que tinham uma incidência excepcionalmente alta de câncer do pulmão, atribuível à exposição involuntária ao urânio.

Radônio é um gás radioativo inodoro e incolor, que emana dos depósitos naturais de urânio existentes em algumas regiões da Terra e desprende-se do solo, chegando às nossas casas. Esse gás infiltra-se pelas rachaduras da fundação, ou passa pelos espaços em torno das tubulações, ou ainda por defeitos originados pelo acabamento mal feito. Quando isso ocorre, a concentração desse radioisótopo gasoso aumenta nos espaços fechados da sua casa. Isso é mais provável se as janelas estiverem lacradas e houver pouca renovação de ar no prédio. Esse aumento da concentração ocorre tanto no inverno, quando as janelas ficam fechadas, quanto no verão, quando elas também são mantidas fechadas e o ar circula pelos aparelhos refrigeradores de ar. O radônio é inalado para os pulmões, onde sua radioatividade tem ação carcinogênica potente. Quando partículas de poeira contendo radônio chegam à sua árvore brônquica, o muco que as envolve é secretado e as pilosidades (cílios semelhantes a vassouras) existentes nas células respiratórias levam-no para cima e para for do corpo. Os fumantes são particularmente suscetíveis ao radônio, já que a fumaça dos cigarros reduz a motilidade protetora dos cílios e, desta forma, o agente radioativo é eliminado mais lentamente do corpo.

Se você estiver preocupado quanto aos níveis de radônio em sua casa, o que deveria ocorrer, é possível medi-lo comprando um conjunto de testes, que se encontra à venda na maioria das lojas de ferragens. Esse kit de teste contém um tambor filtrante de carvão que, depois de ser aberto, é colocado na parte mais baixa da sua casa por uma semana. Em seguida, o filtro é lacrado novamente e enviado ao fabricante, que efetuará a análise. Se os resultados desse teste simples indicarem níveis elevados de radônio, deve-se realizar um teste mais sofisticado e prolongado para confirmá-los.

Se os resultados de um ou mais testes de radônio realizados em sua casa indicarem níveis elevados, você deve tomar algumas medidas de proteção; em alguns casos, medidas muito simples aplicadas pelo proprietário da casa são eficazes. Cubra as rachaduras existentes no subsolo, tanto no piso quanto nas paredes. Além disto, feche todos os espaços em torno dos condutores de água ou eletricidade. Por fim, certifique-se de que a ventilação da sua casa é adequada e que há uma troca satisfatória de ar entre os cômodos internos da casa e o exterior.

Se você desejar informações adicionais sobre esse assunto importantíssimo, pode ligar para o escritório regional da Agência de Proteção Ambiental (APE) do governo federal. O número do telefone da APE pode ser encontrado no catálogo da sua localidade. O escritório desse órgão fornece informações importantes relacionadas com os métodos dos testes e pode sugerir empresas capazes de avaliar a situação e implementar medidas corretivas.

Não há dúvida de que o radônio é responsável por milhares de mortes evitáveis por câncer todos os anos. Embora o Instituto Nacional do Câncer tenha estimado o número de casos de câncer de pulmão relacionados com a exposição domiciliar ao radônio em 14 mil por ano, a APE acredita que este número seja bem maior — pelo menos 20 mil casos por ano.

Há algum tempo atrás, acreditava-se que o problema do radônio estivesse limitado a algumas áreas pequenas do oeste dos Estados Unidos. Por exemplo, alguns estudos demonstraram que as residências de Grand Junction (Colorado) e Butte (Montana) têm níveis de radônio acima dos patamares de segurança. Contudo, pesquisas recentes indicaram que o radônio tenha distribuição muito mais ampla, do que se suspeitava até então. Níveis elevados desse gás foram detectados na região de "Reading Prong", no oeste da Pennsylvania, e em algumas áreas de New Jersey e Nova York. Em um bairro residencial da Pensilvânia, os níveis de radônio eram 675 vezes maiores, do que os permitidos pelas normas de segurança nacionais. Entretanto, existem grandes variações, mesmo nesses níveis. Uma casa vizinha poderia ter níveis baixos de radônio, enquanto que sua própria casa teria níveis altos. A única conduta confiável é testar sua própria casa. Evidentemente, essa é uma situação de risco.

Para resumir, 30 estados estão encontrando problemas com radônio. É importante enfatizar que esse gás está emanando das fontes naturais de urânio existentes na Terra; ele não provém dos dejetos radioativos, que também são bem conhecidos e comprovados.

● ● ●

A fonte de radiação mais importante criada pelo ser humano são os aparelhos médicos de raios X. As usinas nucleares e a radiação liberada pelos testes com armas nucleares contribuem bem pouco para o impacto global das fontes radioativas desenvolvidas pelo homem. A radiação é responsável por uma percentagem bem pequena do número total de cânceres desenvolvidos nos Estados Unidos. Antes que os riscos da radiação fossem reconhecidos, os raios X eram usados comumente para tratar doenças benignas. Por exemplo, há mais de 30 anos, cerca de 14 mil pacientes foram tratados nas clínicas de radioterapia inglesas para uma doença reumática benigna da coluna vertebral, conhecida como espondilite anquilosante. Mais tarde, as taxas de mortalidade desses pacientes demonstraram incidências bem acima das esperadas para leucemia; além disto, foram observadas taxas de incidência excessivas de câncer em outros órgãos expostos às doses maciças de radiação, principalmente pulmão e faringe, cerca de 10 anos depois da exposição.

Taxas mais altas de câncer também foram registradas entre as mulheres que receberam radioterapia para mastite puerperal, que é uma infecção da mama encontrada depois do parto. Em comparação com um grupo de controle, a taxa de incidência do câncer de mama nessas mulheres era duas vezes maior.

Da mesma forma, a radioterapia usada no tratamento de algumas doenças infantis como a hipertrofia do timo, a tinha do couro-cabeludo, a hipertrofia das amígdalas e o acne resultou no aumento da incidência de câncer da tireóide, que se desenvolveu 5 a 35 anos depois da exposição. Esses tratamentos não são mais usados hoje em dia.

Portanto, sem dúvida alguma, a radiação terapêutica — uso de doses elevadas de raios X para tratar algumas doenças — pode desempenhar um papel importante no desenvolvimento subseqüente do câncer. Ainda que cada órgão do corpo tenha sua sensibilidade aos raios X, todos os tipos de câncer parecem aumentar sua incidência depois da irradiação, com exceção da leucemia linfocítica crônica e talvez da doença de Hodgkin e câncer cervical. Principalmente as mamas, a tireóide e a medula óssea parecem ser os tecidos mais sensíveis e com mais tendência a desenvolver câncer no futuro.

Felizmente, a dose de radiação envolvida nos procedimentos diagnósticos que usam raios X — como os aparelhos usados pelos médicos e dentistas — está bem abaixo dos níveis envolvidos nas modalidades terapêuticas.

> EVITE SEMPRE A EXPOSIÇÃO DESNECESSÁRIA AOS RAIOS X; SE ISSO FOR NECESSÁRIO, QUE SEJA APENAS POR MOTIVOS IMPORTANTES.

Embora os médicos solicitem radiografias apenas depois de avaliar cuidadosamente as indicações adequadas, é seu direito inequívoco perguntar ao seu médico qual o motivo para a solicitação de um exame radiográfico diagnóstico. Quanto aos raios X envolvidos nos procedimentos dentários, a opinião corrente sugere que a freqüência das radiografias rotineiras deva estar baseada na existência ou ausência de uma doença dentária. Se houver cáries ou doença periodôntica, as radiografias realizadas anualmente ou a cada dois anos seriam suficientes. Nas pessoas que não apresentam esses problemas, as radiografias de rotina provavelmente devem ser realizadas a cada cinco anos.

É importante lembrar que, embora a radiação dos raios X seja carcinogênica, nos contextos médico e dentário ela não é uma causa significativa de câncer. Concluindo, se você fizesse uma viagem aérea de costa a costa e voltasse, sua exposição corporal total seria a mesma de uma mamografia e maior do que de uma radiografia do tórax.

No futuro, outras modalidades de imageamento diagnóstico, tais como a ultra-sonografia e ressonância magnética nuclear, reduzirão a necessidade de realizar exames radiográficos.

Esteja atento para a possibilidade de que existam níveis elevados de radiação natural na região em que você vive. Uma consulta aos órgãos de proteção ambiental da sua localidade, estado ou país fornecerá informações úteis acerca desse problema. Esses órgãos também podem orientá-lo quanto às medidas que podem ser implementadas para aumentar sua segurança em casa, se houver níveis altos de radioatividade.

Capítulo 12

Fármacos e Câncer

Fármacos ou medicamentos são substâncias químicas usadas no tratamento das doenças. Na grande maioria dos casos, esses fármacos melhoram sua saúde e ampliam sua expectativa de vida. Contudo, alguns desses medicamentos são substâncias químicas capazes de produzir reações adversas. Um desses efeitos adversos é a indução do câncer; infelizmente, alguns fármacos têm sido implicados como carcinógenos.

Estrogênio

Há muitos anos, foi demonstrado que o estrogênio, hormônio sexual feminino, produz câncer nos animais de laboratório. Já que as preparações estrogênicas têm sido usadas por períodos prolongados por milhões de mulheres saudáveis — algumas vezes em doses altas —, é importante compreender a relação entre esse hormônio e o câncer.

Cerca de quatro a seis milhões de mulheres americanas usaram dietilestilbestrol (DES), que é um estrogênio sintético, durante suas gestações. Desenvolvido inicialmente há cerca de 40 anos, o DES era usado durante o primeiro trimestre da gravidez — geralmente em doses altas — para tratar as complicações gestacionais como sangramento vaginal com risco de abortamento iminente, diabetes materno e outras condições menos definidas. Apenas em meados da década de 50 é que os resultados de uma experiência clínica controlada lançaram dúvidas quanto à eficácia do DES no tratamento dessas complicações gravídicas; a partir de então, seu uso começou a diminuir.

Em 1971, alguns estudos demonstraram uma incidência incomumente alta de um tipo raro de câncer vaginal nas filhas de pacientes, que haviam sido tratadas com DES durante a gravidez. Estudos subseqüentes confirmaram a ocorrência aumentada desse adenocarcinoma de células claras da vagina e colo uterino das filhas dessas mulheres, que haviam sido expostas ao DES durante sua vida intra-uterina. Mais tarde, algumas análises indicaram que a ocorrência desse tumor variava entre 1 em 1 mil a 1 em 10 mil filhas. Já que o desenvolvimento desses tumores geralmente começa logo depois da puberdade, algum estímulo hormonal, provavelmente um pico de estrogênios endógenos que ocorre nessas pacientes por ocasião da puberdade, pode desencadear a formação desse câncer. Infelizmente, esse câncer raro não é o único efeito colateral diagnosticado nas filhas de pacientes que usaram o DES; outros problemas detectados são várias alterações teciduais e hipertrofia glandular na cérvice ou vagina.

Os dados são conflitantes e não permitem concluir se as próprias mães têm incidência mais alta de câncer. Em média, essas mulheres receberam 10 a 12 gramas de DES durante a gravidez, o que significa uma dose alta. Alguns estudos demonstraram que essas mulheres têm incidências mais altas de cânceres da mama, colo uterino, endométrio (revestimento do útero) e ovário, em comparação com as taxas detectadas na população de controle. Entretanto, a diferença de incidência não é considerada estatisticamente significativa.

Procure saber se você foi exposta ao DES, seja enquanto estava grávida ou durante sua vida intra-uterina, buscando essas informações com seu médico ou sua mãe. Por exemplo, uma mãe que tenha usado DES deve tentar verificar nos prontuários médicos qual foi o tipo de preparação que ela usou, a dose, a fase da gestação na qual o medicamento começou a ser administrado e a duração do tratamento. As mulheres expostas ao DES devem ter tal fato assinalado em seus prontuários médicos e também devem ser submetidas a avaliações periódicas, a fim de afastar a possibilidade de estarem desenvolvendo tumores. Os órgãos que por certo encontram-se sob maior risco — e que devem ser examinados com mais detalhes — são as mamas e o aparelho reprodutor. *(Veja o capítulo 16, para uma explicação completa do auto-exame das mamas.)*

As filhas das mulheres que foram expostas ao DES devem fazer exames pélvicos anuais a partir dos 14 anos de idade. Os exames de papanicolau e outros também são recomendáveis. Felizmente, com a ampliação do intervalo decorrido desde a época em que o DES foi usado, os riscos dessa associação têm diminuído significativamente.

O impacto de longo prazo para os filhos das pacientes que usaram DES está muito menos claro. Existem alguns relatos sugerindo o aumento das incidências de anormalidades dos órgãos reprodutivos e do câncer de testículo, mas esses dados são fragmentários e não permitem uma conclusão definitiva.

Já que as filhas das pacientes que usaram DES apenas agora estão começando a entrar nas faixas etárias — cerca de 40 anos — em que geralmente ocorre o desenvolvimento de outros tumores, tais como o câncer de mama, essas mulheres devem estar particularmente atentas para alterações em suas mamas, mesmo que não existam evidências conclusivas provando que o DES aumenta o risco desse tipo de câncer nas filhas dessas pacientes.

As filhas das pacientes que usaram DES podem utilizar anticoncepcionais orais contendo estrogênio e progesterona? Por vários motivos, a resposta a essa pergunta ainda não está clara mas, hoje em dia, não há contra-indicação ao uso das pílulas anticoncepcionais.

• • •

Os estrogênios também têm sido usados para tratar pacientes com sintomas associados à menopausa. Estudos de acompanhamento dessas mulheres demonstraram um aumento de quatro a oito vezes no risco de desenvolver câncer de endométrio. Além disto, quanto maior a dose de estrogênio e o tempo de uso, maiores são as taxas de incidência do câncer endometrial. Quase todos os estudos sobre esse assunto sugeriram uma relação de causa e efeito entre o uso de estrogênio na menopausa e o desenvolvimento subseqüente de câncer de endométrio. Além disto, a incidência desse tipo de câncer está aumentando nos Estados Unidos. Felizmente, o risco de desenvolver câncer endometrial diminui depois que as pacientes deixam de usar esses hormônios. No entanto, se você está usando estrogênios para atenuar os sintomas da menopausa, ou para a prevenção da osteoporose, é fundamental que seja realizado um acompanhamento cuidadoso por seu médico. Entretanto, se o seu médico também prescrever progesterona (um outro hormônio), o aumento da incidência de câncer endometrial diminui e pode até mesmo ser evitado. Portanto, se você ainda tem seu útero e deverá começar a usar estrogênio, seu médico também prescreverá progesterona.

Além disto, existe uma relação possível entre uso de estrogênio na menopausa e o aumento do risco de câncer de mama. Nos animais de laboratório, esse hormônio aumenta significativamente a taxa de incidência do câncer de mama em algumas espécies de camundongos suscetíveis. Entretanto, os dados referentes aos seres humanos são muito menos conclusivos. A maioria das evidências parece sugerir um aumento do risco na ordem de 30 por cento para as mulheres que usam estrogênios por períodos longos. Isso é muito alarmante. Contudo, em outras palavras, esse aumento de 30 por cento significa uma elevação da incidência do câncer de mama de cerca de 12 por cento na população geral para 16 por cento entre as mulheres que usam estrogênio.

É importante lembrar que o estrogênio produz efeitos benéficos, atenuando os sintomas da menopausa, preservando a densidade óssea e ajudando a evitar ataques do coração. Numa análise final, cada paciente deve revisar os fatos e tomar sua própria decisão quanto às vantagens e desvantagens de usar estrogênios. A história familiar de câncer de mama, ou de ataques do coração, poderia influenciá-la numa ou noutra direção. Se você for suscetível à osteoporose, a tendência maior pode ser de que você venha a usar estrogênio. Por outro lado, se você tiver realizado uma biópsia de mama demonstrando formas agressivas da doença fibrocística, a opção de usar esse hormônio é menos atraente.

Anticoncepcionais Orais

Alguns anos atrás, o uso de um tipo de pílula anticoncepcional (a.c.o.) oral seqüencial foi associado ao aumento do risco de câncer do endométrio. Os anticoncepcionais orais seqüenciais são as pílulas que usam estrogênio apenas durante a primeira metade do ciclo menstrual mensal, seguido de uma preparação de progesterona na segunda metade do ciclo. Quando os anticoncepcionais seqüenciais são usados, as mulheres ficam expostas à ação livre do estrogênio durante a primeira metade do ciclo. Uma preparação seqüencial que empregava apenas estrogênio por mais dois dias do que as outras pílulas seqüenciais e que também tinha concentrações mais altas de estrogênio e mais baixas de progesterona, em comparação com todas as pílulas anticoncepcionais, foi por fim associada ao aumento da taxa de incidência de câncer do endométrio. Os a.c.o. seqüenciais não são mais prescritos ou comercializados.

Existem algumas evidências fornecidas por um estudo controlado, indicando que os anticoncepcionais orais "combinados", nos quais os estrogênios e os progestágenos são usados ao mesmo tempo, diminuíram em 50 por cento a incidência do câncer endometrial, em comparação com as mulheres que não usaram a.c.o. combinados. Esse efeito protetor foi detectado nas mulheres que usaram pílulas combinadas por pelo menos 12 meses e persistiu durante pelo menos 10 anos, depois que elas suspenderam o uso dos a.c.o.

Os Centros de Controle das Doenças calcularam que o uso dos a.c.o. combinados reduza o risco de desenvolver câncer do ovário. Esse risco diminuía com o prolongamento do uso e persistia em níveis baixos, muito tempo depois da interrupção do uso.

Entretanto, a relação entre anticoncepcionais orais e o desenvolvimento do câncer cervical ainda não está demonstrada. Muitas variáveis estavam associadas aos estudos desse tipo e isso não permitiu conclusões válidas sob o ponto de vista científico. A única coisa que se pode afirmar é que as mulheres que usam pílulas têm mais parceiros sexuais do que as mulheres dos outros grupos.

Além disto, alguns estudos detectaram maior incidência de tumores hepáticos entre as mulheres jovens que usavam anticoncepcionais orais. O risco para as pessoas que usaram pílulas durante três a cinco anos era cerca de 100 vezes maior do que para as demais mulheres. Esse risco parecia ser ainda maior entre as mulheres que usavam pílula depois dos 30 anos e para as que utilizavam pílulas contendo doses maiores de estrogênio e progestágeno. Contudo, a taxa de incidência absoluta desses tumores é muito pequena e o desenvolvimento de hepatomas — tumores hepáticos — entre as mulheres com menos de 30 anos não passa de 3 casos por 100 mil usuárias de pílulas por ano.

Foram realizados alguns estudos na tentativa de determinar a relação entre o uso dos a.c.o. e câncer de mama. Os resultados dessas pesquisas são de certa forma conflitantes, mas o consenso parece ser de que não há qualquer aumento da incidência desse câncer em todas as mulheres que usaram pílulas. Entretanto, algumas evidências sugerem que o uso prolongado dos a.c.o. pelas mulheres com menos de 25 anos possa estar associado a um aumento discreto da incidência do câncer de mama numa idade precoce.

Androgênios

Androgênios são hormônios sexuais masculinos que, além do seu efeito masculinizante, também exercem ações anabólicas ou formadoras de tecidos e são usados para tratar várias condições. Existem alguns relatos indicando que os androgênios, usados no tratamento de uma anemia incomum (conhecida como anemia de Fanconi) das crianças pequenas, foram associados ao desenvolvimento do câncer de fígado. Embora seja difícil relacionar cientificamente esses hormônios com os tumores hepáticos, o uso dos androgênios ou dos esteróides não-androgênicos pelos atletas que desejam estimular o desenvolvimento muscular e melhorar o desempenho deve ser contra-indicado.

Agentes Alquilantes

Os agentes alquilantes constituem um grupo de medicamentos quimioterápicos, que inclui melfalan, ciclofosfamida e clorambucil, usados principalmente no tratamento dos tumores malignos. Esses fármacos foram relacionados com um aumento do risco de desenvolver câncer secundário. Por exemplo, alguns pacientes com mieloma múltiplo (um tumor originado da medula óssea) tratados com melfalan ou ciclofosfamida desenvolveram leucemia. As mulheres com câncer de ovário tratadas com agentes alquilantes têm maior risco de desenvolver leucemia. Nos estudos com pacientes portadores de mieloma e câncer do ovário, os pesquisadores calcularam que a leucemia ocorra em 10 a 20 por cento dos indivíduos tratados com agentes alquilantes, caso sobrevivam durante 10 anos. Isso significa uma taxa de incidência elevada de leucemia. A ciclofosfamida também foi associada ao aumento da incidência subseqüente de câncer da bexiga.

Agentes Imunossupressores

Agentes imunossupressores são fármacos usados para bloquear ou atenuar as respostas imunológicas do corpo a uma substância estranha; esses medicamentos são úteis para prolongar a sobrevida dos órgãos transplantados, por exemplo dos rins. Foram realizados alguns estudos de acompanhamento de pacientes que receberam transplantes renais e foram tratados com azatioprina e corticóides, ambos agentes imunossupressores. Nesses indivíduos, o risco de desenvolver linfoma não-Hodgkin (um tumor dos gânglios linfáticos) aumentou 32 vezes. Esse risco excessivo de adquirir linfoma ocorria pouco tempo depois do transplante. Quase a metade desses linfomas apareceu no cérebro, localização muito rara para esse tipo de tumor. Esses pacientes transplantados e imunossuprimidos também desenvolveram outros tipos de câncer.

OUTROS FÁRMACOS

Alguns outros agentes foram incriminados na patogenia do câncer humano. Os radioisótopos foram associados à indução tumoral em alguns pacientes. O fósforo radioativo usado no tratamento da policitemia vera (doença associada ao aumento dos glóbulos vermelhos) aumenta o risco de leucemia. Rádio e mesotório, que antigamente eram usados no tratamento da tuberculose e de outras doenças, aumentam a incidência do sarcoma osteogênico (um tipo de câncer ósseo).

Alguns estudos demonstraram que os derivados arsenicais estavam associados ao aumento da incidência do câncer de pele. Antigamente, o arsênico estava presente na solução de Fowlers, que era usada com finalidades medicinais. As misturas analgésicas contendo fenacetina foram associadas a um aumento possível da incidência de câncer renal.

CONSEQÜÊNCIAS PRÁTICAS

Certamente, em vista dos dados apresentados acima, a reação imediata é entrar em pânico e passar a ter medo de todos os medicamentos usados. Contudo, é importante lembrar que o câncer raramente é causado pelos medicamentos. A grande maioria dos medicamentos é prescrita e usada com grandes benefícios para o paciente. Apenas uma porcentagem mínima está associada à possibilidade de indução dos tumores. Isso poderia ocorrer quando um medicamento potente com efeitos carcinogênicos fosse usado numa dose moderada por períodos prolongados. Se estiver em dúvida, pergunte ao seu médico sobre as reações adversas possíveis com o fármaco usado e lembre-se de que o medicamento deve ser usado apenas quando for necessário e, neste caso, na dose mínima e durante o menor tempo possível para obter os resultados desejados.

Capítulo 13

Raça, Etnia e Câncer

Nosso objetivo em comum é reduzir a mortalidade por câncer. Isso pode ser conseguido reduzindo-se as taxas de incidência dos vários cânceres e também aumentando-se os índices de cura pelo diagnóstico precoce e tratamento adequado dos tumores específicos. Esses princípios aplicam-se a todos nós.

Diante do que foi dito, é evidente que existem diferenças tanto na incidência do câncer, quanto nas taxas de mortalidade dos diversos grupos étnicos e raciais.

É importante conhecer essas diferenças, a fim de esclarecer o que está causando essas discrepâncias.

Se for possível identificar os fatores responsáveis, poderão ser implementadas medidas terapêuticas e profiláticas para melhorar a situação.

Nas páginas subseqüentes, serão descritas e analisadas algumas das características mais importantes, com referência ao câncer diagnosticado em grupos minoritários.

Afro-americanos

Nesse ano, a Sociedade Americana do Câncer calcula que ocorrerão 560 mil óbitos por câncer nos Estados Unidos. Dentre essas mortes, 483.500 envolverão pessoas da raça branca e 62 mil pacientes afro-americanos.

> ENTRE OS AFRO-AMERICANOS, AS TAXAS GLOBAIS DE MORTALIDADE POR CÂNCER SÃO MAIORES DO QUE EM QUAISQUER OUTROS GRUPOS ÉTNICOS OU RACIAIS DOS ESTADOS UNIDOS.

Nos homens afro-americanos, os principais órgãos acometidos são próstata, pulmão, cólon e reto e cavidade oral. Essa população também tem uma incidência global de câncer mais alta, do que qualquer outro grupo étnico ou racial. Entre as mulheres afro-americanas, os principais tipos de câncer são mama, cólon e reto e pulmão. As taxas de incidência dos cânceres de pulmão e cólon e reto são maiores do que entre as mulheres de qualquer outro grupo étnico ou racial, com exceção das nativas do Alasca.

O tabagismo entre os homens afro-americanos por certo contribui para as taxas de mortalidade elevadas; quase 34 por cento desses homens fumam. Esse índice contrasta com os 28 por cento dos homens brancos que fumam.

Entretanto, um estudo realizado recentemente pela Universidade de Michigan sugeriu que os hábitos tabágicos estejam sendo modificados entre os jovens afro-americanos. Os estudantes universitários desse grupo racial têm menos tendência de fumar do que os seus colegas da raça branca. Além disto, de acordo com os dados relativos a 1993 da Pesquisa de Saúde Nacional por Entrevista, os jovens da raça branca tinham níveis muito altos de tabagismo (30,4 por cento) e eram seguidos pelas mulheres da mesma raça (26,8 por cento), homens jovens afro-americanos (19,9 por cento) e mulheres jovens afro-americanas (8,2 por cento). No futuro, esse declínio do tabagismo certamente resultará numa redução dos cânceres associados ao tabaco entre a população negra.

Um outro dado encorajador relatado pela Sociedade Americana do Câncer é que, em 1987, 19 por cento das mulheres afro-americanas fizeram mamografias. Entretanto, em 1992, esse índice aumentou para 50,4 porcento. Também foram detectados aumentos dos exames clínicos de mama e testes de Pap. Na verdade, as tendências recentes demonstram aumentos mais significativos do rastreamento para cânceres de mama e colo uterino entre as mulheres afro-americanas do que entre as mulheres da raça branca (L.M. Anderson et al.).

Latino-americanos

O diagnóstico e tratamento do câncer também precisam ser ampliados na população de latino-americanos dos Estados Unidos. Isso não se deve apenas ao fato de que o acesso aos serviços adequados de saúde geralmente não é tão fácil para esse grupo populacional, mas também por causa do peso absoluto dos números. Em 1990, o censo contou 22,4 milhões de latino-americanos, o que representa cerca de nove por cento da população americana. Em virtude dos índices elevados de natalidade e imigração, a população latino-americana está crescendo rapidamente. De acordo com as projeções do censo americano, até o ano 2010 essa população será o maior grupo étnico dos Estados Unidos.

As taxas de incidência do câncer revelam que as localizações principais dos cânceres entre homens e mulheres latino-americanos são iguais às das pessoas de raça branca: próstata, mama, pulmão e cólon e reto. Contudo, as taxas de incidência entre os latino-americanos para cada um desses tipos de câncer são 30 por cento menores, do que as taxas referentes à raça branca. Entretanto, entre as mulheres latino-americanas, os índices de câncer uterino são extremamente altos.

Conclusão

É evidente que os efeitos devastadores do câncer entre os grupos étnicos precisam ser atenuados. Também é difícil determinar com precisão quais são as influências específicas que atuam nessa situação, embora seja provável que classe social e nível educacional sejam mais importantes do que os fatores genéticos, determinando quem desenvolverá qual tipo de câncer e com que freqüência. Por exemplo, as estatísticas indicam que as pessoas afro-americanas e latino-americanas tenham menos chance de dispor de seguro para assistência à saúde, o que desempenha um papel importante na manutenção da saúde. O âmago da questão é que, se quisermos melhorar as taxas de mortalidade por câncer entre as populações minoritárias, precisamos implementar outras medidas além das intervenções médicas. É essencial que ampliemos a cobertura dos seguros de saúde, intensifiquemos os programas educacionais para populações minoritárias e criemos unidades, nas quais elas possam obter assistência adequada e competente à saúde. Pobreza, nível educacional baixo e acesso inadequado ao sistema de atenção à saúde são determinantes altamente significativos do prognóstico, quando o câncer incidir num membro das populações minoritárias.

Capítulo 14

A Psicologia da Prenvenção do Câncer

O estresse emocional pode levar ao desenvolvimento do câncer? Embora os psicólogos freqüentemente enumerem alguns exemplos, nos quais o câncer foi diagnosticado depois de alguma experiência emocional traumática, por exemplo a morte de um ente querido ou a perda do emprego, não há qualquer relação de causa e efeito comprovada entre estresse psicológico e indução dos tumores. Entretanto, mesmo que as reações emocionais não desempenhem qualquer função na iniciação das alterações celulares que por fim levam ao câncer, o estado mental da pessoa pode causar câncer. Como essa contradição aparente pode ser verdadeira?

Em geral, o câncer é desencadeado pelos fatores ambientais resultantes de hábitos de origem psicológica. O exemplo clássico da influência comportamental sobre a indução do câncer é o tabagismo, que está associado a 25 por cento de todos os cânceres diagnosticados nos Estados Unidos. Assim, cerca de 325 mil tumores estão relacionados com o "estado mental" referente ao tabaco. Infelizmente, a grande maioria desses cânceres poderia ser evitada, se a sociedade conseguisse motivar-se a interromper o tabagismo.

Da mesma forma, o álcool tem sido implicado como cúmplice da maioria dos cânceres dos tecidos intra-orais. Assim como ocorre com o tabagismo, o consumo excessivo de álcool tem origem comportamental ou psicológica. Beber e fumar — geralmente os dois ao mesmo tempo — atuam sinergicamente e produzem esses tumores. Modificações simples dos hábitos de vida da pessoa poderiam eliminar ou reduzir significativamente essas neoplasias. A história de Todd demonstra de forma bem clara os resultados implacáveis, que podem ser esperados pelas pessoas que bebem excessivamente e fumam.

Diante de todas as evidências médicas conhecidas, por que as pessoas insistem em destruir sua própria saúde com tais hábitos? Evidentemente, as respostas específicas para essa pergunta não estão claras e por certo variam entre as diversas pessoas.

Podemos fazer algumas generalizações. Grande parte do problema do alcoolismo e/ou tabagismo parece ser o de formação de hábitos. Um indivíduo pode relacionar-se com pessoas que fumam e bebem e, em seguida, adquirir esses hábitos. Essa influência dos companheiros é particularmente importante entre os adolescentes, dos quais muitos adquirem hábitos duradouros — e deletérios — nessa fase de vida. Embora os fatores genéticos ou bioquímicos possam ser importantes nas pessoas que fumam ou bebem, esses fatores por certo poderiam ser anulados ou controlados pela decisão consciente por parte do indivíduo de eliminar esse hábito. É surpreendente — e de certa forma desconcertante — constatar a propensão, a presteza e a facilidade com que alguns pacientes deixam de fumar, depois de terem sido informados de que desenvolveram um câncer. Característicamente, essas são as mesmas pessoas que geralmente se queixavam de que sua "dependência física" impedia-lhes de parar de fumar. Infelizmente, em alguns casos, essa mudança vem um pouco tarde.

Da mesma forma, os costumes sociais mais liberais do século corrente têm gerado maior permissividade sexual. Na medida em que as mulheres começam a ter relações sexuais mais cedo, um resultado quase inevitável é o aumento marcante dos números de jovens com alterações neoplásicas do colo uterino. Nos anos subseqüentes, algumas dessas mulheres terão câncer cervical.

Alguns hábitos aparentemente mais inocentes também podem estar associados ao aumento do risco de desenvolver câncer. Por exemplo, a prática comum de expor-se ao sol por certo causará mais cânceres de pele no futuro.

A idéia básica por trás desses comentários é que é importante eliminar padrões de vida insalubres. Por que se autodestruir? Em vez disto, elimine os hábitos deletérios. Eu não estou dizendo-lhe para seguir uma disciplina monástica, mas um pouco de autocontrole e bom senso resultarão numa vida saudável. Essa moderação não diminui a alegria de viver; pelo contrário, ela realça o bem-estar pessoal, ao melhorar as condições físicas do corpo. Consumir uma dieta nutritiva e evitar a ingestão excessiva de calorias ou gordura animal são medidas importantes. A prática regular de exercícios também é benéfica ao bem-estar físico e emocional.

• • •

Em termos bem simples, a eliminação dos hábitos negativos e a manutenção dos comportamentos positivos melhoram sua saúde e aumentam a vitalidade, diminuindo suas chances de desenvolver câncer e outras doenças. Um estilo de vida saudável mantém a saúde e prolonga a vida.

Portanto, até certo ponto, os psicólogos estão certos quanto à relação entre mente e câncer, mesmo que tal relação não seja o que eles sugerem. Em muitos casos, o câncer começa com um estado mental e geralmente pode ser evitado pelo comprometimento psicológico com os padrões de vida saudáveis.

Embora a maioria das pessoas saiba o que significam hábitos de saúde desfavoráveis, tendo em vista que estamos abarrotados de bons conselhos para manter a saúde, algumas vezes não os seguimos. O que precisamos é de coragem para instituir um padrão de vida saudável e resistir às pressões destrutivas dos nossos companheiros, seja para que fumemos no vestiário da universidade, ou que tomemos o tradicional martini no almoço de negócios. Bom senso e autodisciplina são indispensáveis à sua saúde. Você pode melhorar suas chances contra o câncer, basta querer!

Capítulo 15

Como Detectar o Câncer Numa Fase Precoce

Sem dúvida alguma, nosso objetivo maior é evitar o câncer. Já que muitos tumores malignos têm pelo menos alguns fatores ambientais envolvidos, a prevenção é possível em muitos casos. Na verdade, podemos eliminar dezenas de milhares de casos de câncer em nosso país simplesmente adotando e mantendo padrões de vida saudáveis.

Contudo, apesar dos nossos melhores esforços, os cânceres continuarão ocorrendo por vários motivos, alguns evitáveis e outros totalmente imprevisíveis. Já que não é possível evitar todos os casos de câncer, é de importância fundamental detectar sua presença na fase mais precoce possível. Em alguns órgãos, o diagnóstico precoce é possível. É difícil definir exatamente o que significa detecção precoce, já que isso varia muito, dependendo do órgão, das dimensões do tumor e da existência ou não de metástases.

No entanto, o conceito de detecção precoce tem importância fundamental, pois ele focaliza sua atenção para uma responsabilidade muito importante — ou seja, descobrir o tumor na fase mais precoce possível. Todos nós — mas principalmente as pessoas dos grupos de alto risco — deveríamos estar suficientemente preocupados com esse objetivo, a fim de aprender medidas simples para detectar os tumores precocemente.

O indivíduo de alto risco é aquele que, por alguns motivos — sejam genéticos ou ambientais — tem mais chance de desenvolver câncer. Felizmente, essa definição de alto risco geralmente se refere apenas ao órgão específico e não está relacionada com um aumento global do risco de ter câncer em todos os órgãos. Por exemplo, uma pessoa sob maior risco de desenvolver câncer de mama não tem necessariamente mais tendência de desenvolver melanoma.

> A DETECÇÃO PRECOCE AUMENTA SUAS CHANCES NA LUTA CONTRA CÂNCER.

Não resta dúvida de que o câncer detectado nas suas fases precoces tem prognóstico significativamente melhor do que os tumores diagnosticados nos estágios avançados do seu desenvolvimento. Por exemplo, o câncer de mama localizado possibilita um índice de cura em 5 anos acima de 90 por cento; na verdade, as chances de Susan são muito boas. Contudo, no seu caso, se o câncer já estivesse disseminado para um órgão distante, sua chance de sobrevida em 5 anos cairia para apenas 20 por cento e o câncer por certo causaria sua morte nesse período.

O prognóstico de Todd McCormick é nitidamente desfavorável. Embora o câncer de língua numa fase precoce possa ser curado pelo tratamento adequado em 80 por cento de todos os casos, quando o tumor estiver disseminado na extensão detectada em Todd, as chances de sobrevida diminuem dramaticamente.

Menos importante do que a taxa de sobrevida, mas ainda assim importante sob os pontos de vista físico, emocional e financeiro, é o fato de que, se o câncer for detectado precocemente, o tratamento pode ser menos agressivo ou radical do que seria necessário para um tumor mais avançado. Por exemplo, um câncer das cordas vocais em fase inicial pode ser curado pela radioterapia ou por uma excisão cirúrgica pequena; essas duas modalidades oferecem índices de cura excelentes, com incapacidade mínima. Contudo, se esse mesmo câncer tiver envolvido áreas mais extensas da laringe e pescoço adjacente, seria necessária uma intervenção terapêutica muito mais agressiva, por certo envolvendo cirurgia extensiva da região do pescoço, seguida da radioterapia. Nessas condições, a laringe seria extirpada e o paciente perderia a fala normal. Esse paciente poderia falar com o esôfago, ou pela criação de uma abertura artificial entre a traquéia e a faringe. Os efeitos adversos da detecção tardia do câncer são numerosos, incluindo a redução das taxas de sobrevida e os custos mais altos em termos de dor, sofrimento emocional, perda de partes do corpo e auto-imagem negativa. Embora seja menos preocupante, também é importante considerar a devastação econômica que a detecção tardia do câncer pode acarretar ao paciente e sua família.

Detecção do Câncer Antes do Aparecimento dos Sintomas

A maioria dos cânceres começa numa área do corpo e lá permanece confinado por períodos variáveis e significativos, antes de produzir metástases. Ao contrário da crença popular, nem todas as células cancerosas dividem-se com grande rapidez. Contudo, depois que tiver início sua divisão, seu crescimento é inexorável. Isso significa que, durante intervalos desconhecidos e variáveis, o câncer permanece localizado. Por exemplo, um câncer de mama pode demorar vários anos para ir de uma célula até um tumor de um centímetro. Nessa fase do seu crescimento, a paciente teria grandes chances de curar o tumor.

Portanto, nosso objetivo é detectar os cânceres antes de que eles cresçam até o ponto de produzir sintomas; isso é conhecido como detecção pré-sintomática.

Um objetivo importante deste livro é apresentar-lhe formas práticas, razoáveis e relativamente baratas de detectar o câncer numa fase precoce. Essa detecção pode ser conseguida pelos auto-exames periódicos e pelas avaliações realizadas por um profissional de saúde. De acordo com organizações com credenciais científicas inquestionáveis, o exame das pessoas saudáveis é recomendável como prática de saúde excelente. Por exemplo, a importância dos exames desses "indivíduos normais" foi realçada e endossada pelo Conselho de Assuntos Científicos da Associação Médica Americana, pela Sociedade Americana do Câncer, pelo Grupo de Trabalho Canadense sobre Exame de Saúde Periódico, pelo Instituto de Medicina e pelo Colégio Americano de Médicos. O consenso é inequívoco: os exames periódicos das pessoas saudáveis são benéficos.

Compreensivelmente, existem diferenças de opinião acerca das recomendações específicas dessas avaliações de saúde e dos intervalos com que deveriam ser realizadas. Por exemplo, a Sociedade Americana do Câncer recomenda um teste de Pap a cada três anos, depois que dois exames anuais consecutivos forem negativos. Quando a população com "maior prevalência" de câncer — mulheres que desenvolveram câncer cervical — tiver sido examinada por dois exames anuais negativos, a taxa de incidência do câncer invasivo do colo uterino é extremamente baixa. Na verdade, para encontrar um único câncer invasivo, é necessário examinar milhares de mulheres. Evidentemente, a relação de custo-benefício dos exames anuais ou bianuais não é satisfatória. Nem todos os médicos são unânimes nesse aspecto; contudo, a maioria dos ginecologistas recomenda um teste de Pap anual.

Capítulo 16

Recomendações para a Detecção do Câncer nas Pessoas Assintomáticas

A única forma eficaz de detectar o câncer numa fase precoce é realizar exames periódicos com um médico ou profissional de saúde. Já que esses exames são efetuados nas pessoas assintomáticas, eles devem ser programados antecipadamente, mesmo que não haja sintomas. As melhores chances de erradicar um câncer ocorrem quando o tumor ainda não tiver crescido a ponto de causar quaisquer sintomas. Sua avaliação deve consistir na história clínica e exame físico orientado para a detecção de tumores. Alguns testes simples podem ser realizados nessa ocasião. O aconselhamento acerca dos hábitos de saúde positivos deve ser oferecido.

As recomendações desses exames estão resumidas na tabela apresentada ao final do capítulo. É importante lembrar que são apenas recomendações, que podem e devem ser modificadas de acordo com as circunstâncias individuais, inclusive sua idade, fatores de risco e constituição emocional. Embora sejam medidas razoáveis a serem seguidas pelas pessoas prudentes, deve haver flexibilidade em sua aplicação. Fatores de risco como história familiar de câncer, consumo excessivo de álcool, tabagismo, exposição intra-uterina ao DES, compleição física de pele clara e olhos azuis, etc., são características que aumentam suas chances de desenvolver alguns tipos específicos de câncer. Todos esses fatores devem ser considerados antes de tomar decisões relativas à freqüência dos exames.

A história de câncer, obtida por um profissional de saúde, deve averiguar informações sobre fatores de risco para alguns cânceres, dos quais alguns já foram enumerados. Além disto, devem ser feitas perguntas sobre sintomas que poderiam sugerir a existência de um câncer em fase inicial. O exame físico para detecção de tumores deve incluir a inspeção cuidadosa da pele, o exame da cabeça e do pescoço, a palpação dos gânglios linfáticos, o exame do abdome e o toque retal. Nos homens, também deve ser realizado um exame dos testículos e da próstata; nas mulheres, é importante examinar as mamas e realizar um exame pélvico com colheita de uma amostra para o teste de Pap, ou papanicolau. Outros exames simples como a aferição da pressão arterial são efetuados facilmente. Embora isso não tenha qualquer relação imediata com a detecção do câncer, esse teste pode diagnosticar hipertensão arterial assintomática.

Uma pesquisa de sangue oculto nas fezes pode detectar um câncer pré-sintomático do trato gastrointestinal. A sigmoidoscopia, ou inspeção dos segmentos inferiores do cólon, também pode descobrir tumores pequenos nessa região. A mamografia detecta o câncer de mama numa fase mais precoce e é mais eficaz do que o exame físico, diminuindo as taxas de mortalidade associadas a esse câncer.

O aconselhamento também é um elemento fundamental do processo de detecção do câncer. O profissional de saúde deve propor recomendações que visem melhorar os padrões de vida do paciente e fornecer instruções e estímulo para a realização do auto-exame. Sem dúvida alguma, esse aconselhamento aumenta a consciência individual acerca das práticas de saúde favoráveis.

A maioria desses procedimentos e exames pode ser realizada adequadamente por enfermeiras e pessoal paramédico treinados. Isso poderia aumentar a eficiência e melhorar a relação de custo-benefício desses procedimentos. Essas avaliações periódicas poderiam ser realizadas como parte dos programas de benefícios aos trabalhadores, oferecidos pelos grandes escritórios, fábricas, associações, etc. Mesmo que o seguro da sua empresa ou associação não forneça cobertura para esses exames preventivos e você precise pagar para realizá-los, eles promovem a saúde, tranqüilizam e justificam o gasto.

TÉCNICAS PARA O DIAGNÓSTICO PRECOCE

As técnicas que possibilitam a detecção precoce dos tumores e o diagnóstico dos canceres de cólon e útero são tão eficazes, que merecem uma descrição mais detalhada. É importante que você saiba alguma coisa sobre esses testes, já que eles desempenham papéis importantes na proteção da sua saúde.

Cólon e Reto

Nos Estados Unidos, foram diagnosticados 131 mil casos novos de câncer do cólon e reto nesse ano. Esses tumores, que podem ser entendidos como uma única doença, são tão comuns que suas incidências somadas ficam em segundo lugar, precedidos apenas pelo câncer de pulmão. O câncer colorretal causa 55 mil mortes todos os anos. As taxas de incidência têm diminuído nos últimos anos. Isso por certo é atribuível à ampliação dos rastreamento pela sigmoidoscopia e colonoscopia, com remoção dos pólipos benignos, evitando sua progressão para câncer.

Alguns fatores de risco estão associados ao desenvolvimento desse câncer. A polipose adenomatosa familiar (PAF) do cólon é uma doença hereditária, que ocorre nos dois sexos e é caracterizada pela existência de pólipos incontáveis no cólon e reto, geralmente detectados na adolescência. De início, esses pólipos são benignos, mas tendem a sofrer transformação maligna. Esses cânceres ocorrem numa idade mais precoce do que o câncer de cólon comum. Os tumores do cólon aparecem cerca de 15 anos depois do início dos sintomas da polipose.

Infelizmente, o aspecto mais impressionante dessa doença é que 100 por cento dos pacientes com polipose familiar desenvolverão câncer numa fase precoce da vida. Nos pacientes com polipose múltipla, a média de idade por ocasião do óbito por câncer é de 42 anos. Comparativamente, a média de idade dos pacientes que morrem com câncer do cólon na população geral é muito maior.

Recentemente, foi descrito um outro câncer do cólon associado a fatores genéticos, conhecido como câncer colorretal hereditário sem polipose, ou CCHSP. Nessa doença, o desenvolvimento do câncer de cólon ocorre sem a formação de pólipos.

Em conjunto, a PAF e o CCHSP são responsáveis por apenas cerca de cinco por cento de todos os cânceres do cólon. A grande maioria desses tumores não está associada a essas alterações genéticas e são descritos como doença esporádica.

Um fato importante a ser lembrado é que 15 por cento dos canceres colorretais ocorrem nas pessoas que têm familiares em primeiro grau com essa doença. Se você tiver história familiar desse tipo de câncer, fique atento. Embora tenham sido desenvolvidos testes genéticos para identificar as populações sob alto risco, hoje em dia esses exames não são exeqüíveis como instrumento de rastreamento.

Outro fator de risco é a colite ulcerativa crônica. Essa doença de causa desconhecida acomete o cólon e reto, principalmente nas pessoas jovens, produzindo uma inflamação da mucosa (superfície que reveste o intestino grosso). Os sintomas dessa doença são diarréia, sangramento e dor; uma porcentagem elevada dos pacientes com colite ulcerativa crônica desenvolve câncer do cólon.

> JÁ QUE O CÂNCER COLORRETAL É ENCONTRADO PRINCIPALMENTE NAS SOCIEDADES OCIDENTAIS, ELE PODE ESTAR RELACIONADO A FATORES AMBIENTAIS ASSIM COMO A HÁBITOS ALIMENTARES.

Alguns acreditam que as dietas ricas em gordura e pobres em fibras possam ser fatores etiológicos. O consumo insuficiente de frutas e vegetais também foi implicado. O diagnóstico precoce raramente é efetuado quando a detecção do tumor estiver baseada no aparecimento dos sintomas, já que o cólon e reto são órgãos muito amplos que, infelizmente, podem adaptar-se bem até mesmo aos tumores muito volumosos. Os sintomas aparecem apenas quando o tumor obstruir o cólon, ou quando houver sangramento suficiente para chamar a atenção do paciente. Em geral, esses sinais e sintomas indicam doença numa fase relativamente avançada. Entretanto, é possível detectar esses cânceres numa fase muito mais precoce do seu desenvolvimento, através da pesquisa de sangue oculto ou invisível nas fezes. Os tumores benignos e malignos, assim como outras condições, comumente causam graus variáveis de sangramento pelas fezes. Embora a quantidade de sangue seja muito pequena para ser detectada a olho nu, sua presença pode ser demonstrada por um teste químico simples.

As lâminas com guaiaco à venda no comércio são usadas para pesquisar a existência de sangue oculto nas fezes. Esse teste é realizado em casa, esfregando-se quantidades mínimas de fezes com uma espátula de madeira nas lâminas fornecidas, durante três dias consecutivos. Em seguida, as lâminas são enviadas a um médico ou laboratório para a realização dos testes. Para aumentar a precisão do teste, evite tomar aspirina por cerca de uma semana antes de colher as amostras de fezes, já que este medicamento pode irritar o trato gastrointestinal e causar graus mínimos de sangramento, levando a um resultado falso-positivo. Da mesma forma, o consumo de uma dieta sem carne vermelha e a suspensão do uso de vitamina C também aumentam a positividade do teste. Se o resultado de um teste realizado anteriormente tiver sido positivo, essas três últimas medidas (evitar aspirina, vitamina C e carne vermelha) devem ser seguidas. Por favor, lembre-se de que resultados positivos nesse teste geralmente não são devidos ao câncer, mas a outras causas, por exemplo hemorróidas. No entanto, uma pesquisa de sangue oculto positiva requer exames adicionais para determinar a causa exata do sangramento.

Outro recurso para facilitar a detecção pré-sintomática do câncer colorretal é o exame retal realizado por um médico. Esse exame pode detectar a presença de um tumor no reto. Nos homens, a próstata também é examinada dessa forma.

Se for detectado sangue nas fezes, o paciente deverá realizar uma sigmoidoscopia. Esse exame deve ser efetuado periodicamente depois da idade de 40 anos, mesmo que não haja sangue nas fezes. Nesse exame, o médico introduz um tubo flexível com luz própria para inspecionar o reto e os segmentos inferiores do cólon. Até mesmo os tumores pequenos são facilmente detectáveis com esse sistema de visão ampliada.

Se o teste de sangue oculto for positivo e o toque retal e a sigmoidoscopia não detectarem sua origem, o paciente deverá realizar outros exames como estudos radiológicos contrastados e/ou colonoscopia. Nesse último exame, um instrumento flexível é introduzido pelo reto para examinar e inspecionar todo o comprimento do intestino grosso, até perto do ceco situado ao lado direito. A remoção de pólipos e as biópsias dos tumores também podem ser realizadas por meio desse instrumento. O enema baritado pode ser realizado para estudar toda a extensão do cólon. Em mãos habilidosas, esse exame é capaz de detectar tumores muito pequenos. Se não forem demonstrados quaisquer tumores do cólon e reto, será necessário estudar o trato gastrointestinal superior, inclusive o esôfago.

Embora o câncer colorretal não produza sintomas na fase inicial, esse tumor pode ser diagnosticado num estágio precoce pela pesquisa de sangue oculto nas fezes, pelo toque retal e pela sigmoidoscopia flexível. O aspecto positivo dessa abordagem diagnóstica é que os pólipos benignos podem ser detectados e extirpados, antes que se transformem em câncer. Além disto, os cânceres são detectados numa fase muito mais precoce do seu desenvolvimento e têm prognósticos significativamente melhores do que os tumores que crescem a ponto de produzir sintomas.

Os pólipos pré-malignos e os tumores colorretais em estágio inicial podem ser detectados por essas técnicas. Se você tiver esse câncer e ele for diagnosticado antes do aparecimento de sintomas, seu prognóstico será bem mais favorável.

Cânceres do Útero

O câncer pode desenvolver-se no corpo uterino (parte superior) e na cérvice (parte inferior). Embora estejam localizados no mesmo órgão, esses cânceres são significativamente diferentes quanto à etiologia e evolução clínica e, portanto, devem ser considerados separadamente.

Câncer Cervical

Nesse ano, 14.500 mulheres americanas desenvolveram câncer do colo uterino e 4.800 morreram por essa causa, de acordo com os dados do Instituto Nacional do Câncer e da Sociedade Americana do Câncer. Evidentemente, isso ilustra numericamente que, embora tenha havido uma redução de 70 por cento nos óbitos por câncer cervical nos últimos 40 anos, esse ainda é um problema de saúde importante em nosso país.

A cérvice é uma das duas únicas localizações do câncer que tiveram melhoras significativas nas taxas de mortalidade. O câncer gástrico é o outro tumor cuja taxa de mortalidade diminuiu. Por motivos desconhecidos, a ocorrência desse tumor tem diminuído continuamente.

Entretanto, a causa do declínio da taxa de mortalidade por câncer cervical é clara e inquestionável: essa redução é atribuível ao teste de Papanicolau, também conhecido como teste de Pap, que detecta as manifestações mais precoces dessa doença. O esfregaço de Pap é único, pois sozinho possibilita a detecção de um câncer nos estágios muito precoces do seu desenvolvimento, antes que comece a invadir as estruturas adjacentes. Quando for detectado nessa fase, o câncer cervical é tratado facilmente com métodos simples e quase sempre é curável. Se existissem técnicas de detecção precoce semelhantes para outros órgãos do corpo, o câncer não seria mais o flagelo que é hoje em dia.

Para entender o resultado de um teste de Pap, você precisa saber algumas coisas sobre as células do colo uterino. Normalmente, essa estrutura está recoberta por células (conhecidas como células escamosas), que parecem achatadas ao exame microscópico. As camadas dessas células são sobrepostas uma sobre a outra, como pedras planas de uma parede, formando um tecido conhecido como epitélio, ou mucosa superficial da cérvice. Sob influência de alguns fatores, principalmente o PVH, as células escamosas do terço mais profundo do epitélio transformam-se em elementos celulares anormais, assumindo o aspecto de células tumorais ou neoplásicas. Durante esse processo, conhecido como displasia, essas células anormais são descritas como displásicas.

Se essas células ocuparem apenas o terço inferior do epitélio, a condição é descrita como displasia leve, também conhecida pelo termo mais assustador de neoplasia intra-epitelial cervical Grau 1 (NIC Grau 1). Se as células displásicas continuarem sua migração em direção à superfície, partindo da base do epitélio, e ocuparem dois terços da sua espessura, essa condição mais grave é conhecida como displasia moderada, ou NIC Grau 2. A displasia grave, ou NIC Grau 3, ocorre quando as células chegarem quase à superfície da cérvice. Quando todo o epitélio, que mede cerca de dois décimos de milímetro (ou quase a espessura da página deste livro), estiver ocupado por essas células anormais, a lesão é diagnosticada como carcinoma *in situ*, que também é classificado como NIC Grau 3.

Essas alterações são precursoras do câncer cervical invasivo. Essa noção é confirmada pela presença simultânea do carcinoma *in situ* e câncer invasivo e pelo fato de que, em geral, o câncer invasivo ocorre nas pacientes que não foram tratadas para neoplasia intra-epitelial cervical.

O estágio seguinte do desenvolvimento do câncer cervical ocorre quando essas células neoplásicas começarem a invadir o estroma, que é o tecido situado sob o epitélio. Quando essa infiltração ocorrer num grau mínimo, que possa ser detectada apenas pelo exame microscópico, a condição é descrita como carcinoma microinvasivo. Isso representa o período de transição entre carcinoma *in situ*, que não possui a capacidade de produzir metástases, e um câncer invasivo capaz de disseminar-se do estroma para estruturas distantes e, por fim, levar ao óbito da paciente.

A última fase do desenvolvimento do câncer cervical é conhecida como carcinoma invasivo. Nesse estágio, pode-se observar o tumor invadindo e destruindo a cérvice.

O desenvolvimento do câncer cervical passa por várias fases de transformação, que se iniciam com algumas células ligeiramente anormais nas regiões profundas do epitélio e terminam com câncer invasivo.

Entretanto, esse processo não é irreversível. A displasia, que é uma condição benigna, pode ter três evoluções: regressão em cerca de 50 por cento dos casos, persistência em 30 por cento e progressão para câncer invasivo em 20 por cento. Embora não se saiba com certeza quais são as porcentagens dessas lesões que terão essas evoluções, se forem detectadas numa fase precoce do desenvolvimento, essas alterações benignas podem ser erradicadas, evitando-se assim a possibilidade de progressão para um câncer cervical.

A importância histórica do teste de Pap é que ele pode detectar essas alterações celulares anormais na cérvice, durante os estágios mais iniciais do seu desenvolvimento. Esse teste, cujo nome provém do seu descobridor, Dr. George Papanicolaou, consiste na inspeção microscópica das células cervicais. Essas células podem ser obtidas por algumas técnicas, inclusive a raspagem da superfície cervical com uma espátula de madeira, ou pela aspiração. Depois que as células forem espalhadas numa lâmina de vidro e coradas, elas são examinadas por um citologista para detectar alterações típicas da displasia ou do câncer. O esfregaço de Pap tem um índice de precisão impressionante de 95 por cento na detecção do câncer cervical. Contudo, lembre-se de que também há a possibilidade de resultados falso-negativos, ou seja, realmente há câncer, mas ele não foi detectado pelo teste de Pap. Novos aperfeiçoamentos dessa técnica (por exemplo, "Pap Fino" e "Pap Total") estão aumentando a precisão diagnóstica. Esses termos referem-se aos detalhes técnicos da obtenção do espécime e processamento das lâminas.

A displasia cervical é um precursor em potencial do câncer e pode acarretar poucos ou nenhum sintoma. Sua detecção depende do rastreamento das mulheres assintomáticas pelo teste de Pap. As pacientes com esfregaços anormais devem ser submetidos a exames adicionais, por exemplo colonoscopia.

Embora a taxa de mortalidade do câncer cervical tenha diminuído acentuadamente, o uso crescente do rastreamento citológico tem detectado displasia e câncer microinvasivo em pacientes cada vez mais jovens. Antigamente, a média de idade por ocasião do diagnóstico do carcinoma *in situ* era de cerca de 40 anos; em alguns estudos, essa média caiu para 28 anos e também não é raro encontrar adolescentes com lesões de NIC significativas. Portanto, ainda que as taxas de mortalidade por câncer cervical estejam diminuindo graças à potencialidade diagnóstica do teste de Pap, tem sido observado um aumento concomitante do número de mulheres jovens que desenvolvem alterações neoplásicas da cérvice.

Esse fenômeno desastroso é atribuível aos costumes sexuais mais liberais hoje em dia. Partindo de uma extrapolação simples, fica claro que nós diagnosticaremos um número maior de pacientes com doença cervical neoplásica. Portanto, a vigilância rigorosa dessa população é essencial para evitar as conseqüências trágicas do câncer invasivo. A evolução fatal dessa doença é observada comumente nas regiões empobrecidas da América Latina, nas quais o câncer cervical é a forma mais comum de neoplasia maligna das mulheres e atingiu proporções alarmantes, especialmente no Brasil.

Existem outros recursos diagnósticos, que foram desenvolvidos para ajudar o médico a tratar esse tumor. Quando os esfregaços de Pap indicarem anormalidades na cérvice, a paciente deve realizar uma colposcopia, ou inspeção do colo uterino por meio de um aparelho que possibilita uma visão estereoscópica amplificada da superfície do epitélio. Esse exame permite a detecção das áreas invisíveis de outra forma, das quais as células anormais estão sendo desprendidas, possibilitando a realização de biópsias cervicais precisas, a fim de determinar a natureza e extensão do problema.

Se houver um tumor ou uma ulceração suficientemente extensa para ser observada a olho nu, a biópsia pode ser realizada sem colposcopia.

Tendo em vista a função preventiva e potencialmente salvadora do rastreamento citológico, este é um elemento obrigatório de qualquer programa eficaz de prevenção do câncer. As mulheres devem ser examinadas regularmente, depois que iniciarem as atividades sexuais, qualquer que seja sua idade. Essa medida preventiva possibilita a detecção das lesões intra-epiteliais precoces, que podem evoluir para câncer cervical; essas lesões pré-cancerosas são muito mais fáceis de erradicar e tratar do que o carcinoma invasivo.

Esses procedimentos diagnósticos podem ser realizados em nível ambulatorial. Entretanto, em alguns casos são necessários exames adicionais, que devem ser realizados no hospital. Nessas condições, pode-se retirar tecidos dos segmentos mais internos do canal cervical, técnica conhecida como conização ou biópsia em cone.

Câncer Endometrial

O câncer endometrial é mais comum do que a neoplasia maligna da cérvice e origina-se do revestimento interno do corpo uterino (parte superior).

Esse câncer é mais freqüente do que o carcinoma cervical e, em 1997, foi diagnosticado em 34.900 mulheres americanas, ceifando cerca de 6 mil vidas. Doença predominante entre as mulheres que já entraram na menopausa, seu sintoma mais comum é sangramento depois da menopausa.

Alguns fatores estão associados ao aumento do risco de desenvolver câncer de endométrio, inclusive obesidade, hipertensão (pressão arterial alta), diabetes e infertilidade. Outras condições que podem estar associadas são irregularidades menstruais, incapacidade de ovular, uma alteração pré-maligna do endométrio conhecida como hiperplasia adenomatosa e uso prolongado de estrogênio sem a administração concomitante de progesterona ("terapia estrogênica sem compensação"). A exposição prolongada ao estrogênio, seja endógeno (natural) como ocorre nas mulheres que têm menarca precoce e menopausa tardia, seja exógeno (medicamentos) como durante o uso de estrogênio ou tamoxifeno, aumenta o risco de câncer endometrial. A administração de progesterona junto com o estrogênio evita o aumento do câncer de endométrio, atribuível à ação livre deste último hormônio. Essa relação etiológica com o desequilíbrio estrogênico também foi sugerida pelo fato de que o câncer endometrial freqüentemente acompanha tumores de ovário secretores de estrogênio. Por outro lado, o câncer de endométrio é muito raro nas pacientes que realizaram ooforectomia. Portanto, lembre-se de que, se você ainda tiver útero e for iniciar o uso de estrogênio, também será necessário usar progesterona.

Ao contrário do câncer cervical, que ocorre nas mulheres das classes sócio-econômicas mais baixas, o carcinoma endometrial parece ser mais comum nas mulheres de nível sócio-econômico mais alto.

Infelizmente, o esfregaço de Pap, que é altamente preciso no diagnóstico do câncer cervical, não tem qualquer valor na detecção dos cânceres endometriais. Um sinal premonitório possível do desenvolvimento desse câncer é a existência de hiperplasia adenomatosa, ou proliferação das células do endométrio que, embora seja benigna, pode ser um processo pré-canceroso. A hiperplasia adenomatosa é detectada mais comumente nas mulheres que já passaram pela menopausa, principalmente as que apresentam sangramento anormal. Essa condição pode ser tratada pela administração de progestina, que é um composto hormonal. Esse fármaco é usado comumente pelas mulheres mais jovens que desejam evitar a histerectomia e ter filhos.

Os aumentos dos índices de cura do câncer endometrial podem ser conseguidos pela identificação das pacientes de alto risco e seu acompanhamento cuidadoso, especialmente durante a menopausa. As mulheres que se encontram na menopausa ou já passaram por esta fase e desenvolvem sangramento anormal devem realizar biópsia para excluir a existência de um tumor.

O médico dispõe de algumas técnicas para detectar precocemente o câncer cervical, inclusive a ultra-sonografia transvaginal. Nos casos necessários, podem ser realizadas biópsias da cavidade endometrial para obter material para exame histológico. Esse procedimento é realizado em nível ambulatorial. Se for necessário realizar algum exame adicional, a paciente pode ser submetida a uma cirurgia ambulatorial conhecida como D&C (dilatação e curetagem), que tem o objetivo de raspar o revestimento uterino para obter tecidos para análise. Em alguns casos, pode ser necessário realizar histerectomia.

O elemento fundamental que lhe possibilita reduzir as chances de desenvolver qualquer tipo de câncer uterino está em suas próprias mãos. Procure seu médico para fazer os exames necessários, se você tiver risco elevado de desenvolver esses tumores e, o que é mais importante, esteja atenta para qualquer sangramento anormal, que é um motivo para consulta imediata com seu médico.

RECOMENDAÇÕES PARA A DETECÇÃO DO CÂNCER EM PESSOAS ASSINTOMÁTICAS

PROCEDIMENTO OU TESTE	IDADE	FREQÜÊNCIA
História e Exame Físico para Câncer		
Pele	20	Determinada pelos fatores de risco
Intra-oral	40	Anual
Pescoço	20	Anual
Mama	20	Determinada pelos fatores de risco
Gânglios linfáticos	20	Anual
Testículos	20	Anual
Próstata	40	Anual
Reto	40	Anual
Pélvico	20	Determinada pelos fatores de risco
Esfregaço de Pap	20*	Anual
Sigmoidoscopia	40	A cada 2 ou 3 anos
Pesquisa de sangue oculto nas fezes	40	Anual
Mamografia	35**	Veja rodapé
Radiografia do tórax	40***	Veja rodapé

*Ou numa idade mais precoce, se houver atividade sexual. Se os exames forem negativos em dois anos consecutivos, passar a fazê-los cada 3 anos.
**Começar aos 35 anos, depois a cada 2 anos; acima dos 40 anos, a cada 1 a 2 anos ou de acordo com os fatores de risco; depois dos 50 anos, anualmente.
***Determinada pelos fatores de risco; anualmente para o fumante inveterado.

Capítulo 17

Auto-exame Para Detectar Câncer

Os exames de avaliação médica anual realizados por seu médico são eficazes e aumentam suas chances de detectar um câncer precocemente. Contudo, se um tumor apresentar-se pouco depois da sua consulta anual, o intervalo até sua próxima visita ao médico pode ser muito longo. Já que seria impraticável ir ao médico todos os meses para realizar exames, você mesmo deve examinar-se para detectar o desenvolvimento de um tumor. A autodetecção dos tumores é possível e relativamente simples. Basta que você conheça os aspectos clínicos do câncer e que se comprometa a realizar exames mensais. Para que você não se esqueça de realizar esses exames anuais, escolha e não abra mão de um dia específico — por exemplo, o dia do seu aniversário. Os cânceres de pele, tecidos intra-orais, tireóide, glândulas salivares, gânglios linfáticos, mama e testículos geralmente podem ser detectados pelo auto-exame. Se você fizer o auto-exame mensalmente, dentro em breve estará familiarizado com o aspecto e a consistência dos seus próprios tecidos saudáveis; assim, se aparecer um tumor, você será capaz de detectá-lo na fase mais precoce possível.

Um aviso: a maioria das pessoas é capaz de realizar o auto-exame sem estresse emocional ou ansiedade desmedida. Na verdade, a maioria considera que o exame normal é uma atividade tranqüilizadora. Entretanto, algumas pessoas não conseguem realizar os procedimentos de autodetecção com tranqüilidade. Se você for uma dessas pessoas, que ficam extremamente ansiosas durante o auto-exame, é melhor não o fazer.

Não fique assustado com seu primeiro auto-exame. Você poderá descobrir caroços que são estruturas normais e concluir erroneamente que tem câncer. Se você ficar preocupado de que tenha detectado um tumor, procure seu médico para realizar uma avaliação profissional. Na grande maioria dos casos, o médico aquietará todos os seus temores.

Depois dos seus primeiros auto-exames, você conseguirá reconhecer o que é normal e detectar qualquer alteração patológica.

O auto-exame não é garantia de que você poderá detectar um tumor em fase inicial. Apesar dos seus melhores esforços, a lesão pode ser indetectável, ou você pode não a perceber durante o exame. Até mesmo médicos experientes podem deixar passar tumores. No entanto, o auto-exame é um recurso importante, que ajuda na detecção precoce do câncer. Aproveite essa sua vantagem.

CÂNCER DE PELE

Existem três tipos de câncer de pele: carcinoma basocelular, carcinoma espinocelular e melanoma. O primeiro não é um tumor agressivo e, se for diagnosticado e tratado, pode ser curado em quase 100 por cento dos casos. Apenas os tumores basocelulares negligenciados podem levar ao óbito, o que ocorre ocasionalmente. O câncer espinocelular é ligeiramente mais agressivo, mas também com a detecção precoce a grande maioria dos tumores pode ser curada. O melanoma maligno, conhecido mais comumente como melanoma, é um tumor significativamente mais grave e está associado a taxas de mortalidade elevadas. Os carcinomas basocelular e espinocelular, por serem lesões muito semelhantes, serão discutidos em conjunto; o melanoma será apresentado separadamente.

Os carcinomas basocelular e espinocelular, também conhecidos como cânceres de pele não-melanoma, são os tumores malignos mais comuns dos seres humanos. Nos Estados Unidos, estima-se que ocorram cerca de 900 mil casos da doença todos os anos. Infelizmente, cerca de 2.100 pacientes que morrem a cada ano com esse tipo de câncer não deveriam morrer. Já que ocorrem num órgão externo (a pele), esses tumores são facilmente percebidos e palpados. Eles deveriam ser detectados precocemente e curados em quase todos os casos. Além disto, a detecção precoce exige tratamentos menos drásticos e os resultados estéticos são melhores. Qual é a prevalência dos cânceres cutâneos não-melanoma? Cerca da metade de todas as pessoas que chegam aos 65 anos terá desenvolvido pelo menos um desses tumores.

O carcinoma basocelular é a forma mais comum de câncer cutâneo e ocorre principalmente nas pessoas que tiveram exposição intensa ou prolongada aos raios solares, especialmente nos indivíduos de pele clara, cabelos louros e olhos azuis. Em geral, esse tumor aparece nas superfícies expostas ao sol. O carcinoma basocelular raramente produz metástase (implantes em outros órgãos).

Examinando Sua Pele para Detectar Câncer

Em seguida, explicarei como você pode examinar sua pele para detectar esses cânceres. Primeiramente, é preciso estar familiarizado com seu aspecto e padrões característicos. Um desses aspectos, conhecido como carcinoma basocelular nódulo-ulcerativo, é caracterizado pela elevação de um nódulo tumoral com ulceração central da pele, circundado por um bordo "perolado" ou céreo elevado. Outro padrão desse câncer é o carcinoma basocelular superficial, caracterizado pela formação de uma placa ligeiramente elevada. Em geral, essa lesão tem uma crosta ou descamação em sua superfície.

O carcinoma espinocelular assume vários aspectos, que variam de uma massa elevada, até uma ulceração do tipo saca-bocado. Se não forem tratados, esses tumores produzem metástases para gânglios linfáticos regionais e algumas vezes também para outros órgãos distantes, depois da invasão da corrente sangüínea.

O elemento essencial que ajuda a detectar esses dois tipos de câncer é a existência de destruição da superfície normal da pele, resultando numa ulceração caracterizada por exsudação ou até mesmo sangramento. Se você detectar esse tipo de ulceração, procure atendimento médico. Esses cânceres localizam-se predominantemente nas áreas expostas ao sol e são muito comuns na região da cabeça e do pescoço.

Faça o auto-exame da pele mensalmente. A pele da parte anterior do seu corpo é examinada facilmente. Contudo, lembre-se de que a pele da parte posterior do corpo freqüentemente também desenvolve câncer. Você pode checar seu dorso pedindo a um familiar ou amigo para examinar as superfícies cutâneas que não possam ser vistas por você. Como alternativa, é possível examinar até certo ponto a pele da parte posterior do corpo usando espelhos de mão ou parede. Durante esses exames, certifique-se de que a iluminação seja excelente.

Qualquer nódulo tumoral ou lesão que não cicatriza, descama ou forma crosta, que em seguida cai e começa a sangrar novamente, merece ser examinada com cuidado. Um problema com a detecção desses cânceres de pele é que seu desenvolvimento é muito lento; você pode acostumar-se com essas lesões, sem notar sua presença, principalmente porque elas não são dolorosas. Já que esses tumores freqüentemente passam despercebidos, os exames mensais conscienciosos são recomendáveis.

Embora os carcinomas basocelular e espinocelular tenham índices de cura excelentes, é importante saber que existe uma exceção. Em alguns casos, o câncer espinocelular desenvolve-se numa cicatriz de queimadura preexistente, ou numa cicatriz resultante de inflamação crônica. Quando isso ocorrer, o câncer poderá ser muito mais agressivo e até mesmo fatal. Portanto, preste muita atenção para as alterações cutâneas em torno dessas queimaduras, cicatrizes e feridas antigas com drenagem.

• • •

O melanoma maligno é um tumor totalmente diferente. Nos Estados Unidos, calcula-se que 40 mil pessoas desenvolveram melanomas nesse ano e cerca de 7.300 morreram por causa desses tumores. Infelizmente, a incidência do melanoma está aumentando significativamente a uma taxa de cerca de oito a nove por cento ao ano. Nossos índices de cura do melanoma estão muito abaixo do ideal. Entretanto, a grande maioria desses óbitos é evitável, já que o câncer desenvolve-se num órgão superficial (pele) e deveria ser detectado facilmente.

A maioria dos melanomas origina-se de sinais pigmentados benignos preexistentes, conhecidos como nevos. Os nevos são extremamente comuns na população caucasóide e cada pessoa tem cerca de 15 deles. Felizmente, apenas um dentre milhares de nevos transforma-se em melanoma. Contudo, já que as pessoas acostumam-se com a existência desses nevos, elas não prestam muita atenção e até mesmo nem reparam nessas lesões. Portanto, quando esses nevos transformam-se em melanomas, ainda que assinalem essa transformação em câncer alterando seu aspecto, essas alterações geralmente passam despercebidas ao paciente.

Existem alguns sinais de alerta que indicam uma transformação maligna. Normalmente, o nevo ou sinal é castanho ou marrom e é muito semelhante aos demais sinais cutâneos. O nevo é redondo e possui limites nitidamente definidos em relação à pele normal que o circunda. A lesão é plana ou ligeiramente elevada e, em geral, seu tamanho é relativamente pequeno, medindo menos do que cinco milímetros — diâmetro aproximado de uma borracha de lápis. Os sinais ou nevos geralmente se localizam nas superfícies expostas ao sol situadas acima da cintura — principalmente na face e nos braços. Por outro lado, o couro-cabeludo, as mamas e nádegas não são envolvidos comumente.

Quando um sinal apresentar alguma modificação de cor — principalmente quando se tornar vermelho, branco, azul, preto ou manchado de marrom e preto —, poderá estar havendo transformação maligna. Se um nevo aumentar seu diâmetro superficial, ou seus contornos se modificarem, especialmente com o desenvolvimento de bordas irregulares ou chanfradas, a lesão pode estar se transformando em câncer. Outras características que indicam transformação maligna dos nevos são descamação, erosão, exsudação de sangue, ulceração ou desenvolvimento de um nódulo tumoral. Além disto, se o nevo até então plano começar a elevar-se, ou se houver extensão da pigmentação do nevo para a pele circundante, é possível que um melanoma esteja se desenvolvendo.

Recentemente, foi reconhecido um tipo novo de nevo ou sinal, que recebeu a denominação de nevo displásico. Esses nevos têm aspecto ligeiramente diferente dos sinais comuns. Eles podem ter mais coloração sob a forma de pigmento preto ou avermelhado e bordos chanfrados. Em geral, essas lesões são maiores do que os outros tipos de sinais e freqüentemente existem mais de 100 nevos no mesmo paciente. O fato importante acerca desses nevos é que há uma tendência muito maior de transformação em melanoma do que com a variedade comum.

Em resumo, qualquer alteração do aspecto — tamanho, bordo, cor, consistência, ulceração ou elevação — de um sinal ou nevo preexistente deve levá-lo a procurar imediatamente seu médico. Examine suas superfícies cutâneas agora, para que você possa conhecer o aspecto dos seus nevos. Em seguida, se algum deles transformar-se em tumor, você poderá detectá-los pelo exame mensal.

Lembre-se de que a grande maioria das lesões cutâneas pigmentadas que você tem não é melanoma; na verdade, a maioria nem mesmo é de nevos. Segundo a opinião geral, é difícil até mesmo para o médico diferenciar entre nevo benigno e melanoma. Aqui também, o elemento fundamental é a alteração do aspecto. Se isso ocorrer, procure assistência médica imediatamente.

Embora seja difícil fazer uma estimativa baseada em dados científicos do aumento do índice de cura, que poderia ser conseguido com a detecção precoce dos melanomas, seria razoável supor que este índice aumentaria cerca de 25 por cento.

As mortes por câncer de pele são evitáveis. Você deve examinar e palpar suas superfícies cutâneas e buscar atendimento médico ao primeiro sinal de alteração.

Mama

O câncer de mama é a neoplasia maligna mais comum das mulheres. Na verdade, sua incidência é tão significativa, que esse é o terceiro câncer mais comum entre os homens e mulheres juntos, superado apenas pelos tumores do pulmão e área colorretal. Nos Estados Unidos, foram diagnosticados 181.600 casos novos de câncer de mama invasivo nesse ano, significando que cerca de 11 porcento das mulheres americanas viverão até desenvolver esse câncer. Além disto, nesse mesmo ano, 44 mil mulheres morreram devido a essa doença, que a torna a segunda causa mais importante de morte por câncer entre as mulheres. Apenas os tumores do pulmão matam mais mulheres. As taxas de mortalidade por câncer de mama estão diminuindo nas mulheres brancas e começando a declinar nas mulheres afro-americanas mais jovens.

Já que as taxas de incidência do câncer de mama estão aumentando nos Estados Unidos, assim como na Europa, os esforços diagnósticos para detectar esse câncer numa fase mais precoce e melhorar o prognóstico são muito importantes.

Fatores de Risco

O fator de risco mais significativo para o desenvolvimento do câncer de mama é a idade. A incidência desses tumores começa a aumentar em torno dos 30 anos e progride a taxas muito altas até a idade de 70 anos. Curiosamente, a incidência do câncer de mama é variável nas diversas regiões do mundo. Os índices são altos nos países ocidentais e industrializados como Estados Unidos, Canadá, Europa e Austrália; nos países do sul e leste da Europa, os índices são intermediários; e na Ásia, América Latina e África essas taxas são baixas. Embora os fatores genéticos possam desempenhar algum papel nessa variação, os fatores ambientais como práticas reprodutivas, condições sócio-econômicas e dieta são mais significativos; isto é comprovado pelo fato de que as mulheres nascidas nos países com incidência baixa de câncer de mama apresentam um aumento das taxas, depois de migrarem para os Estados Unidos. Embora os índices nessas imigrantes sejam maiores do que nas mulheres do país de origem, ainda ficam abaixo dos índices americanos. As filhas de imigrantes europeus equiparam os índices americanos depois de uma geração; as mulheres asiáticas parecem necessitar de mais do que uma geração para isso.

> SEM DÚVIDA ALGUMA, A HISTÓRIA FAMILIAR DE CÂNCER DE MAMA PREDISPÕE A MULHER A DESENVOLVER ESSE TUMOR.

O risco das mulheres cujas mães ou irmãs tiveram câncer de mama é duas a quatro vezes maior, do que da população em geral. Esse risco é aumentado ainda mais, se houver mais de um parente próximo — mãe ou irmãs — com a doença. Além disto, se o câncer de mama tiver ocorrido num familiar antes da menopausa, a predisposição é ainda maior. E se a doença tiver acometido as duas mamas de uma parente próxima, o risco de desenvolver câncer de mama aumenta mais.

Essas incidências familiares sugeriram que um ou vários fatores genéticos possam estar envolvidos e, na verdade, esses genes foram descobertos recentemente. Eles são o BRCA1 (Gene 1 do Câncer de Mama) e BRCA2 (Gene 2 do Câncer de Mama). Também foram isolados outros genes desse tipo de câncer. Alguns estudos demonstraram que, nas populações suscetíveis, como as mulheres judias de ascendência Ashkenazi com história familiar conclusiva, a taxa de incidência do câncer de mama é de cerca de 90 por cento, se os testes de determinada pessoa forem positivos para BRCA1. Contudo, o significado da presença do BRCA1 ou 2 na população geral ainda não foi determinado. Sem dúvida alguma, nessas pessoas o risco é bem menor. Não é recomendável que a maioria das mulheres procurem fazer testes genéticos. Esses testes devem ser realizados apenas se houver um padrão familiar excepcionalmente marcante. Se os testes forem efetuados, é fundamental que seja seguido do aconselhamento por um profissional que conheça bem as implicações genéticas do câncer de mama; dizer que você é BRCA1 positivo poderia ter um impacto psicológico devastador, quando o significado real desse resultado poderia ser inconclusivo e o tratamento médico adequado (se estiver indicado) ainda é controvertido. Também é importante lembrar que apenas cerca de 10 por cento de todos os canceres de mama estão associados a um marcador genético; a grande maioria das mulheres que desenvolvem a doença não é portadora desse traço genético.

• • •

Durante muitos anos, temos ouvido falar que o estado conjugal influencia a incidência do câncer de mama. Desde o século XVIII, sabe-se que as freiras tinham risco aumentado de desenvolver câncer de mama; isso era atribuído ao seu estado de celibato. Hoje em dia, parece que a influência protetora do casamento é devida a ocorrência mais freqüente de gestações nas mulheres casadas, do que entre as solteiras. Essa influência protetora concentra-se principalmente numa taxa mais baixa de câncer depois da menopausa; entre as mulheres de 35 a 45 anos, os índices desse câncer não são alterados significativamente pelo estado conjugal.

Vários estudos demonstraram uma relação inversa entre gravidez e câncer de mama; esse tumor é significativamente menos comum nas mulheres que tiveram várias gestações, do que nas pessoas que nunca engravidaram. Na verdade, as mulheres com gestação à termo antes dos 20 anos têm risco três vezes menor de desenvolver câncer de mama do que as mulheres cuja primeira gravidez ocorreu depois dos 35 anos. Outras pesquisas demonstraram que os nascimentos subseqüentes ao primeiro produzem pouco ou nenhum impacto adicional. Portanto, o risco reduzido atribuído até então às mulheres com várias gestações é devido, aparentemente, à primeira gravidez, que geralmente ocorre numa idade mais precoce. Além disto, esse efeito protetor da primeira gravidez precoce parece limitar-se aos nascimentos a termo. As gestações que terminam em aborto ou morte fetal aparentemente não reduzem o risco subseqüente de câncer de mama. Esses dados sugerem que um fator indutor do câncer de mama ocorra com o início das menstruações das adolescentes. Esse fator é atenuado ou reduzido pela primeira gravidez a termo. A duração desse fator indutor é importante para determinar o risco desse tipo de câncer e poderia explicar a ocorrência menos freqüente do câncer de mama entre as mulheres que têm filhos numa idade precoce.

Outro fator relacionado com a freqüência do câncer de mama é a duração da vida reprodutiva ativa. Início precoce das menstruações e menopausa tardia foram associados ao aumento da incidência do câncer de mama. Por outro lado, a menopausa artificial provocada pela retirada dos ovários está associada a uma redução significativa do risco de desenvolver esse câncer, quando for realizada antes dos 40 anos.

A lactação parecia produzir algum efeito benéfico na prevenção do câncer de mama; contudo, estudos mais recentes sugeriram que esse efeito positivo seja devido principalmente à primeira gravidez numa idade precoce.

O desenvolvimento pregresso de um câncer de mama é outro fator de risco para essa pessoa. Se a paciente já tiver desenvolvido esse câncer, seu risco ter câncer na mama restante é significativo. Os tumores de mama são muito mais comuns nas mulheres dos grupos sócio-econômicos mais privilegiados, provavelmente porque as gestações precoces são menos comuns nessas classes. Os hábitos alimentares — principalmente o consumo de dietas ricas em calorias e gorduras — também podem desempenhar algum papel nessa relação.

Por fim, alguns tipos patológicos da doença fibrocística da mama aumentam o risco desse câncer. Essa condição, caracterizada por espessamentos nodulares e cistos na mama, aumenta a probabilidade de desenvolver câncer mamário, principalmente se o exame patológico demonstrar alterações como a hiperplasia atípica.

Evidentemente, Susan Webster tinha maior risco de desenvolver câncer da mama, fato que era do seu conhecimento. Ela fazia parte de um grupo sócio-econômico privilegiado e seguia padrões dietéticos condizentes com seu *status*. Além disto, Susan nunca tinha engravidado. Para aumentar ainda mais seus riscos, havia os fatos de que sua mãe tinha desenvolvido câncer de mama e que ela própria tivera doença fibrocística. A seu favor, Susan sabia que tinha mais risco e procurou tomar precauções especiais. Ela fazia exames periódicos com um médico e, o que é mais importante, realizava mensalmente o auto-exame das mamas. Essa prática possibilitou-lhe detectar o câncer de mama num estágio precoce.

É importante lembrar que todos os fatores de risco devem ser colocados numa perspectiva adequada. Por exemplo, se a taxa de incidência do câncer de mama na população geral é de cerca de 11 por cento, se você tiver história familiar conclusiva, suas chances podem aumentar para cerca de 20 por cento. Embora esse aumento seja significativo, lembre-se de que cerca de 80 por cento de todas as mulheres com tal história não desenvolverão câncer de mama. Nesse caso, a vantagem está a seu favor.

Além disto, estamos lidando aqui com estatísticas para populações em geral, que nada dizem sobre qual seria seu prognóstico individual.

Portanto, mais uma vez, é importante colocar todos esses fatos em perspectiva. Entretanto, se você tiver um ou mais fatores de risco, tome precauções seguindo as sugestões do auto-exame e das avaliações por profissionais. Não entre em pânico com suas probabilidades, já que as vantagens estão nitidamente a seu favor.

Auto-exame das Mamas

Em geral, os cânceres de mama são detectados inicialmente pela própria paciente. Entretanto, na maioria dos casos, essa detecção ocorreu acidentalmente e não devido à aplicação de um programa de auto-exame periódico das mamas. Por esse motivo, a maioria dos tumores detectados acidentalmente é maior do que as lesões tumorais percebidas pelos programas de auto-exame sistemático e regular e tem prognóstico menos favorável. Infelizmente, muitas mulheres não examinam suas mamas rotineiramente e algumas, que dizem fazer o auto-exame das mamas (AEM), fazem-no incorretamente. Algumas fazem o auto-exame a intervalos longos de três a quatro meses. Em geral, dizem que estão apressadas e gastam apenas alguns segundos ou minutos com o exame. Por fim, a técnica do auto-exame não é adequada.

Para aumentar suas chances contra o câncer de mama, é fundamental que você faça exames freqüentes, cuidadosos, sistemáticos e tecnicamente corretos das suas mamas.

O AEM deve ser realizado mensalmente. Para as mulheres que ainda não entraram na menopausa, a melhor época é o segundo ou terceiro dia depois do início das menstruações. Nessa ocasião, as mamas estarão menos congestionadas e uma massa tumoral poderia ser palpada mais facilmente. As mulheres que já entraram na menopausa podem escolher qualquer dia do mês, sua data de aniversário ou alguma outra data que possa ser lembrada facilmente.

O exame consiste em três fases. Na primeira, as mamas devem ser examinadas durante o banho. O atrito entre os dedos e as mamas é reduzido, quando a superfície da pele estiver molhada, facilitando a detecção de tumores mamários pequenos.

A segunda técnica é examinar as mamas diante de um espelho grande. Repare no contorno das mamas, a fim de determinar se elas têm aspecto praticamente simétrico. Embora as mamas direita e esquerda possam ter alguma diferença normal de tamanho, seu aspecto geral deve ser semelhante. Procure cuidadosamente sinais de uma massa ou tumor ou elevação visível, que poderia sugerir um tumor subjacente. Além disto, examine os mamilos para sinais de descamação e/ou sangramento ou secreção. Procure ver se a pele está retraída ou enrugada. Isso pode indicar a existência de um câncer subjacente, que está retraindo a pele. A retração ou inversão do mamilo também pode ser um sinal de câncer. Em algumas mulheres, que sempre tiveram mamilos invertidos desde que nasceram, isso não é preocupante. Em seguida, levante os braços acima da cabeça e examine o contorno das mamas, para ver se existe qualquer alteração, por exemplo, o aparecimento de uma massa, depressão ou retração.

A terceira fase do exame é deitar-se na cama e palpar as mamas com as polpas dos seus quatro dedos (Fig. 1). Use a mão direita para examinar a mama esquerda e vice-versa. Esse exame deve seguir um padrão sistemático, a fim de assegurar que todas as áreas sejam examinadas.

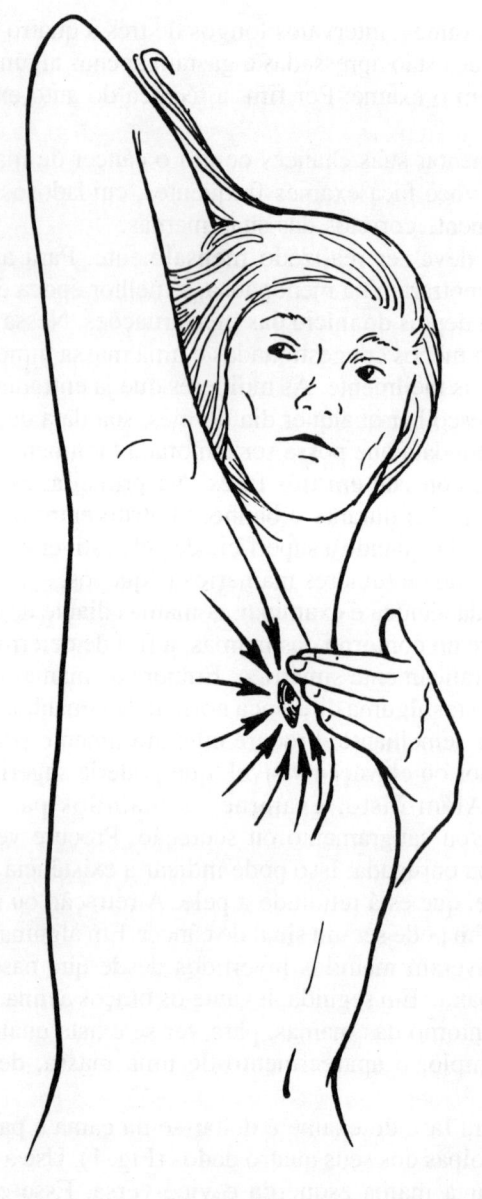

Figura 1
Auto-exame das mamas.

Imagine a mama como se fosse um relógio. Comece o exame ao alto da mama, na posição de doze horas. Com um movimento firme, mas suave, escorregue as pontas dos dedos num raio de 12 horas em relação ao mamilo. Repita essa operação várias vezes. Em seguida, ao longo do mesmo eixo, aplique palmadinhas suaves na mesma região. Repita duas ou três vezes, antes de passar para a posição de uma hora e assim por diante, até completar todo o exame da mama seguindo essa técnica. Lembre-se também de examinar a parte da mama situada sob o mamilo e a aréola e checar a existência de quaisquer massas tumorais na axila, ou sovaco.

Sem dúvida alguma, o auto-exame das mamas pode detectar cânceres numa fase precoce. Entretanto, existem algumas dificuldades com esse exame, que infelizmente não são mencionadas em geral nos panfletos promocionais sobre o assunto. Por exemplo, as mamas podem ser muito volumosas, tornando o exame impreciso. Além disto, algumas mulheres têm, por natureza, um padrão nodular nas mamas. Isso dificulta a detecção dos tumores pequenos. No entanto, com os exames repetidos, a maioria das mulheres torna-se familiarizada com a consistência das próprias mamas. Em seguida, se aparecer um nódulo novo, as chances de detectá-lo imediatamente são significativas.

Uma outra situação difícil com relação ao AEM é que grande parte do tecido mamário está localizado no quadrante superior externo de cada mama, estendendo-se até a axila, ou sovaco. Em alguns casos, as mulheres confundem esse aspecto normal com um tumor. Para diferenciar entre a arquitetura mamária normal e um tumor em suas proximidades, examine se há um aspecto semelhante no lado oposto. Se os dois quadrantes externos parecerem praticamente iguais, é provável que não haja um tumor.

O câncer de mama aparece sob a forma de um caroço firme ou duro, cujos limites são difíceis de definir. Se você palpar uma massa única ou preponderante na mama, ou se detectar um caroço, uma alteração de contorno, retração da pele/mamilo ou secreção mamilar, procure imediatamente seu médico ou uma clínica para exames adicionais. Felizmente, 80 por cento ou mais dessas massas são benignas.

Na medida em que você realize o AEM e torne-se familiarizada com a consistência das suas mamas, o auto-exame mensal passará a ser uma experiência tranqüilizadora.

Mamografia

Mamografia é o estudo radiológico das mamas. Em geral, são obtidas duas incidências em cada mama — uma lateral, ou visão lateromedial, e outra de cima para baixo, ou craniocaudal. Com a mamografia, os cânceres de mama podem ser detectados num estágio muito precoce do seu desenvolvimento, bem antes de que se tornem palpáveis.

Nas radiografias, o câncer de mama geralmente se apresenta como um tumor com bordos irregulares. Outra indicação é a existência de calcificações finas, que são pedras minúsculas na região da mama. Já que as mamografias podem demonstrar a existência de um câncer, que ainda não é palpável pela paciente ou por seu médico porque seu tamanho é pequeno ou a localização é difícil, esses exames são um componente importante do processo de detecção para mulheres assintomáticas.

A Sociedade Americana do Câncer, em conjunto com o Instituto Nacional do Câncer, realizaram um projeto demonstrativo extensivo sobre câncer de mama entre 1973 e 1980. Recentemente, foram publicados os resultados do acompanhamento de 20 anos desse estudo, que incluiu mais de 280 mil mulheres assintomáticas, ou seja, que desconheciam o fato de ter um tumor na mama; dessas mulheres, 4.275 desenvolveram câncer.

Esse estudo demonstrou que a mamografia é o método mais eficaz para detectar câncer de mama. Nas mulheres mais jovens, apenas a mamografia conseguiu detectar 36,4 porcento dos tumores; o exame físico realizado isoladamente detectou 13 por cento dos tumores. Nas mulheres mais idosas, a mamografia detectou 421 porcento das lesões, em contraste com 6,7 por cento detectadas apenas ao exame físico. Esses dados comprovam inequivocamente que a mamografia é muito mais eficaz para detectar câncer de mama em fase inicial.

É importante tomar conhecimento desses fatos, já que existe alguma controvérsia em torno do uso da mamografia, por causa da exposição inevitável à radiação. Teoricamente, seria desejável evitar todos os tipos de radiação; contudo, tendo em vista o objetivo prático e os resultados benéficos da detecção do câncer de mama num estágio precoce, a mamografia é fundamentalmente importante. O furor inicial em torno da exposição à radiação provavelmente era exagerado; aperfeiçoamentos adicionais dos equipamentos também reduziram a quantidade de radiação incluída na mamografia. Portanto, o consenso médico hoje em dia é que o risco de desenvolver câncer de mama induzido pela radiação da mamografia, principalmente em comparação com os benefícios conseguidos com esse exame, é mínimo. Lembre-se, se você viajar de costa a costa nos Estados Unidos, receberá mais irradiação global no corpo do que durante uma mamografia. Nos Estados Unidos, a porcentagem dos cânceres de mama que passam despercebidos é grande. Cerca de 500 mil mulheres americanas têm essa doença e não sabem. A mamografia demonstrou claramente sua capacidade de detectar os tumores de mama num estágio precoce, no qual o índice de cura pode ser considerado excelente. Portanto, esse exame é uma técnica fundamental e relativamente isenta de riscos na detecção dos cânceres de mama num estágio mais precoce.

A mamografia deve ser usada com moderação no rastreamento das mulheres jovens assintomáticas, tendo em vista a ocorrência relativamente rara do câncer de mama nesse grupo etário e a dificuldade de detectar tumores malignos no tecido mamário mais denso das mulheres jovens. Entretanto, a mamografia pode e realmente detecta câncer de mama nas pacientes jovens (abaixo de 50 anos).

Embora a mamografia possa significar a diferença entre vida e morte por câncer de mama e seu uso criterioso seja extremamente importante, esse exame não é perfeito; o índice de precisão da mamografia é de cerca de 85 por cento na detecção do câncer de mama, ou para excluir sua existência. Esse exame é mais preciso nas mulheres que já passaram pela menopausa, do que nas pacientes que ainda não entraram na menopausa, em virtude da consistência mais densa do tecido mamário jovem. Esse pode ter sido o motivo pelo qual a mamografia de Susan não detectou seu câncer. Isso também ilustra a verdade do aforismo, que diz que uma mamografia negativa não elimina a necessidade de realizar uma biópsia dos tumores mamários palpáveis. Além disto, a avaliação completa da mama inclui um exame físico e também a mamografia.

CÂNCER INTRA-ORAL

Os cânceres intra-orais envolvem os lábios, a língua, o assoalho da boca, a mucosa oral (revestimento interno das bochechas), gengivas, palatos duro e mole (céu da boca) e faringe (região da garganta situada na parte de trás da boca).

Nos Estados Unidos, foram diagnosticados 30.750 casos novos de câncer intra-oral nesse ano. A incidência desse câncer é duas ou mais vezes maior nos homens do que nas mulheres; além disto, é mais freqüente nos homens acima dos 40 anos. Em 1997, morreram mais de 8.440 pacientes com canceres intra-orais.

Os óbitos causados por esses tipos de câncer são particularmente angustiantes, já que a maioria desses tumores pode ser detectada num estágio precoce pela inspeção e palpação. O índice de cura associado à detecção precoce é excelente (acima de 80 por cento). Entretanto, o índice de cura dos tumores intra-orais avançados é de apenas cerca de 15 por cento e o tipo de morte imposta por esse câncer é uma experiência assustadora. O câncer intra-oral avançado causa dor, desfiguração da região da cabeça e do pescoço, sangramento, secreção de muco e saliva e redução significativa das capacidades de falar e deglutir. Alguns pacientes também podem ter problemas respiratórios. O que é pior ainda, a vítima em geral fica plenamente consciente durante toda essa provação. Dentre todas as mortes por câncer, essa é uma das mais martirizantes. O diagnóstico precoce realizado por métodos simples de detecção geralmente pode evitar essa evolução. Como também ocorre em outros tipos de câncer, existem alguns grupos sob maior risco de desenvolver essa doença. Os tumores intra-orais são diagnosticados principalmente nos indivíduos com histórias de alcoolismo e tabagismo excessivos. Em geral, o paciente é fumante de cigarros, embora as pessoas que fumam charutos e cachimbos também sejam mais suscetíveis a esse tumor. O tabaco de mascar e o rapé em pasta, que é uma preparação de tabaco mantido na parte interna da bochecha, também são fatores predisponentes importantes. As pessoas que têm esses hábitos devem abandoná-los. Se isso não acontecer, eles devem ficar particularmente atentos quanto ao desenvolvimento de tumores intra-orais e aplicar as técnicas de autodetecção descritas em seguida. Isso é muito importante porque, hoje em dia, 60 por cento de todos os cânceres orais estão numa fase avançada por ocasião do diagnóstico.

Técnica do Exame Intra-oral

Examine sua boca mensalmente. Esse exame pode ser realizado na frente do espelho do banheiro sob uma lâmpada forte iluminando os lábios e o interior da boca. Entretanto, em geral, a luz localizada acima do espelho reflete-se diretamente em seus olhos e não ilumina muito a boca, dificultando a inspeção. Para solucionar esse problema, use uma lanterna de mão, que pode ser dirigida para dentro da sua boca, sem a lâmpada de cima do espelho ofuscando seus olhos. Isso permite que você dirija a iluminação para a boca quando for necessário e é um método mais eficaz na realização do exame. Algumas pessoas acham melhor usar um espelho de mão grande, do que um espelho fixo na parede.

Retire todos os aparelhos dentários antes do exame. Inspecione as superfícies externas dos lábios. Em seguida, com os dedos, expo-

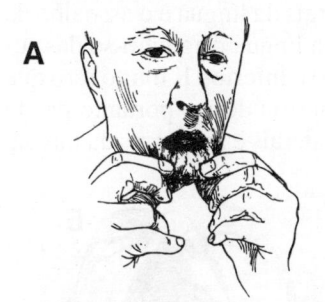

Figura 2a. Inspeção da superfície interna dos lábios e das gengivas.

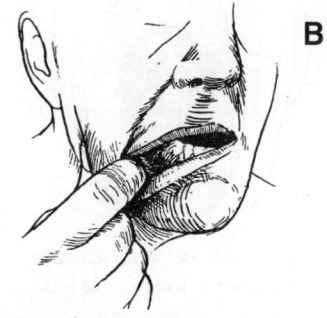

Figura 2b. Inspeção da superfície interna da bochecha, mucosa oral e gengivas.

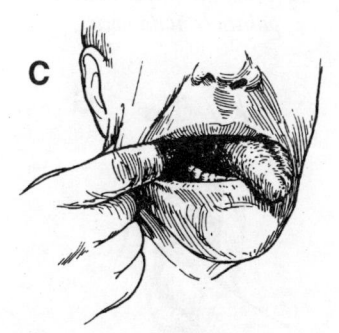

Figura 2c. Inspeção da superfície lateral da língua.

nha a parte interna dos lábios. Examine cuidadosamente suas superfícies internas (Fig. 2A), depois retraia as bochechas com os dedos e inspecione as gengivas e superfícies internas das bochechas (mucosa oral) (Fig. 2B). Algumas vezes, pode-se observar projetando-se da superfície da mucosa oral, quase ao nível do segundo molar superior, uma pequena papila ou montículo, que é o ponto de drenagem do ducto salivar da parótida dentro da boca. A saliva pode ser ejetada dessa estrutura normal.

Em seguida, abra bem a boca, coloque a língua para fora e inspecione sua superfície, depois retraia a bochecha de um dos lados com os dedos e, com a língua desviada ao máximo para o lado oposto, examine cuidadosamente os bordos laterais da língua e o assoalho da boca (Fig. 2C). Em geral, os cânceres da língua originam-se das superfícies laterais (ou dos lados da língua) e inferior. É muito raro que esses tumores apareçam na parte superior ou dorso, portanto preste atenção principalmente nas superfícies laterais e inferiores da língua.

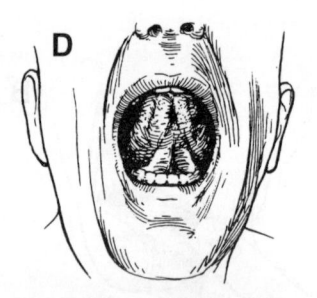

Figura 2d. Inspeção da base da língua e assoalho da boca.

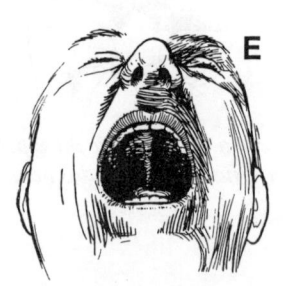

Figura 2e. Inspeção do palato (céu da boca).

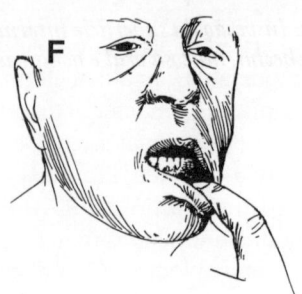

Figura 2f. Palpação dos lábios e mucosa oral.

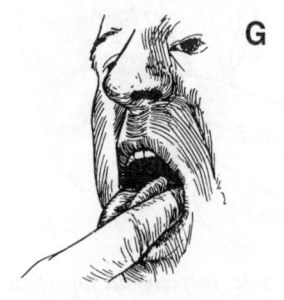

Figura 2g. Palpação da língua.

Agora, leve a ponta da língua até o céu da boca (ou palato) e inspecione suas superfícies internas (base) e o assoalho da boca (Fig. 2D). Na base da língua, você notará duas saliências de tecido que se dirigem da frente para trás. Além disto, no assoalho da boca, você perceberá o frênulo lingual, que é uma prega fina de tecido que se estende da linha média da língua ao assoalho da boca. Você poderá notar ainda no assoalho da boca dois sulcos salientes, que se dirigem de trás para frente e ao meio da boca, onde terminam em duas projeções bem visíveis. Essas estruturas são os ductos submaxilares provenientes das glândulas submaxilares situadas sob a mandíbula, que transportam a saliva para dentro da boca. Todas essas estruturas são absolutamente normais.

Quando essa fase do exame estiver concluída, abra bem a boca, vire a cabeça para trás e inspecione o céu da boca (Fig. 2E). Nessa região, você observará os palatos duro e mole. Algumas pessoas têm uma proliferação óssea congênita na linha média do palato duro, conhecida como torus palatinus. Essa estrutura é perfeitamente normal e não é um tumor. Por fim, coloque a língua para fora, ilumine com a lanterna a parte posterior da boca e diga "Ahh!". Essa manobra possibilitará a inspeção da faringe (ou garganta), situado na parte posterior da boca.

Quando essa etapa estiver terminada, use seu dedo para palpar todos os tecidos intra-orais que você acabou de examinar. Escorra seu dedo ao longo das superfícies internas dos lábios (Fig. 2F), pela mucosa oral, língua — especialmente em suas superfícies laterais e interna (Fig. 2G) —, assoalho da boca, gengivas, palatos e depois até a faringe. Se o dedo for muito fundo, você poderá engasgar.

Quais são os sinais indicadores que você está procurando nesse exame? A evidência mais precoce de um câncer é uma área de vermelhidão conhecida como eritroplasia, ou eritema. Normalmente, a maioria dos tecidos intra-orais tem uma coloração rosa-salmão, é fina e brilhante e tem aspecto saudável. A eritroplasia é caracterizada por uma coloração vermelho-magenta dos tecidos de qualquer área. Além disto, a área de eritroplasia tem consistência aveludada, em comparação com os tecidos intra-orais saudáveis finos e sedosos. Se você detectar essa lesão, procure assistência médica ou odontológica.

Outro sinal que deve ser procurado é leucoplaquia. Como seu próprio nome sugere, leucoplaquia consiste numa placa branco-fosca. Essa lesão específica tem alguma substância ou espessura e pode ser observada e também sentida pelo dedo usado na palpação. A leucoplaquia pode ser uma lesão pré-maligna, ou estar associada ao câncer, embora a maioria dessas lesões seja benigna. Algumas lesões intra-orais são predominantemente brancas com pintas vermelhas ou vice-versa. Essa é uma indicação para procurar atendimento profissional.

Embora a eritroplasia e leucoplaquia possam ser as primeiras manifestações do câncer intra-oral, à medida em que o tumor progride costumam aparecer outras alterações detectáveis. Você pode notar uma fissura ou rachadura pequena nesses tecidos. À medida em que o tumor continue progredindo, haverá ulceração ou destruição dos tecidos e aparecerá uma úlcera. Com o crescimento do câncer, aparecerá uma lesão elevada, vegetante, semelhante à couve-flor. O aspecto clássico dos tumores moderadamente avançados é de ulceração central circundada por um tumor periférico elevado.

A palpação é um componente importante do exame intra-oral e deve ser realizada nos tecidos que você acabou de examinar. O achado mais importante é a indilração ou o endurecimento dos tecidos. Normalmente, as estruturas intra-orais são lisas, macias, moles e indolores. Um câncer em estágio inicial pode ser sentido pelo dedo do examinador como uma área de endurecimento ou espessamento. Mais tarde, os tumores são evidenciados como uma massa, que pode ser palpável. Se houver ulceração, as lesões podem ser dolorosas. Se os tecidos forem friáveis ou frágeis ao toque suave dos dedos, ou se houver sangramento depois da palpação, procure atendimento médico ou odontológico.

Tanto durante a inspeção, quanto a palpação da boca, você deve aproveitar-se da bilateralidade, ou seja, comparar um lado da boca com o outro. Uma alteração significativa num dos lados deve ser detectada facilmente, quando for comparada com o aspecto normal do outro.

Sem sombra de dúvida, se Todd tivesse realizado exames mensais como esse, seu prognóstico teria sido significativamente melhor. Seu câncer situado no bordo lateral da língua deveria estar facilmente visível e palpável. O paciente não teria deixado passar despercebida essa lesão, já que ele poderia comparar os dois lados da língua (direito e esquerdo) com a inspeção e palpação. Essa comparação teria demonstrado com clareza que o lado esquerdo envolvido da língua tinha uma área de vermelhidão, ulceração, hiperestesia e espessamento, que não havia no lado oposto. Conhecendo o significado dessas alterações, ele teria procurado seu médico quando o tumor ainda fosse muito menor e o prognóstico muito mais favorável. Infelizmente, ele nada sabia sobre as causas do câncer de língua, jamais havia realizado exames profiláticos e ignorou os sintomas, quando eles apareceram. No mundo todo, existem milhares de pessoas iguais a Todd.

Câncer das Glândulas Salivares

O câncer das glândulas salivares é relativamente raro. Anualmente, cerca de 1.000 pacientes desenvolvem esses canceres, com índices de cura de 55 porcento. Como também ocorre com outros tumores, o índice de cura poderia ser melhorado pelo diagnóstico precoce. A detecção precoce é relativamente fácil nas glândulas salivares, porque elas estão localizadas bem abaixo da pele e podem ser palpadas e inspecionadas.

As glândulas salivares principais são parótidas, submaxilares e sublinguais. A glândula parótida está localizada na face, um pouco à frente do ouvido (Fig. 3). Essa é a localização mais comum dos tumo-

Glândulas Padótidas

Glândula Submaxilar

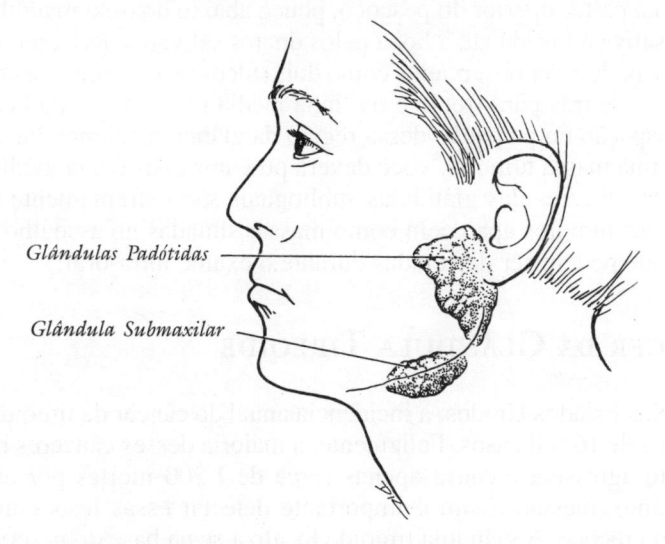

Figura 3. Localizações da parótida e glândula submaxilar.

res malignos das glândulas salivares. Para ter uma noção clara da sua localização, basta lembrar que essa é a área que fica inchada durante a caxumba. Normalmente, as glândulas parótidas estendem-se até pouco abaixo do lóbulo da orelha e não podem ser sentidas à palpação.

O nervo que controla os músculos da expressão facial passa por dentro da glândula parótida e permite os movimentos de fechar os olhos, franzir a fronte e sorrir. O câncer de parótida pode invadir esse nervo facial, produzindo fraqueza ou até mesmo paralisia dessa estrutura. Se uma pessoa desenvolver um tumor de parótida, a doença pode ser evidenciada por fraqueza dos músculos faciais, que acarretam incapacidade de retrair a boca, fechar os olhos, etc.

O exame da glândula parótida deve incluir a inspeção e palpação. Observe a região da glândula e veja se há um tumor visível. Faça testes para saber se há comprometimento do nervo facial que, conforme foi assinalado, poderia ser evidenciado por fraqueza dos músculos faciais. Em seguida, palpe a parótida pressionando as pontas dos dedos suavemente contra essa área, com movimentos de percussão e batidas de leve, a fim de detectar qualquer endurecimento (dureza) ou formação de um tumor. Lembre-se de comparar uma parótida com a outra. As glândulas submaxilares estão localizadas bilateralmente na parte superior do pescoço, pouco abaixo do osso mandibular. A saliva é levada até à boca pelos ductos salivares que, como já foi dito, podem ser observados como dois sulcos proeminentes estendendo-se de trás para frente e na linha média do assoalho da boca. Se a inspeção ou palpação dessa região da glândula submaxilar detectar uma massa tumoral, você deverá procurar assistência médica.

Os cânceres das glândulas sublinguais são extremamente raros. Esses tumores aparecem como massas situadas no assoalho da boca, que podem ser detectadas durante o exame intra-oral.

Câncer da Glândula Tireóide

Nos Estados Unidos, a incidência anual do câncer de tireóide é de cerca de 16 mil casos. Felizmente, a maioria desses cânceres não é muito agressiva e causa apenas cerca de 1.200 mortes por ano. Entretanto, mesmo assim é importante detectar essas lesões num estágio precoce. A glândula tireóide localiza-se na base do pescoço, pouco abaixo e ao lado da laringe, ou caixa vocal (Fig. 4).

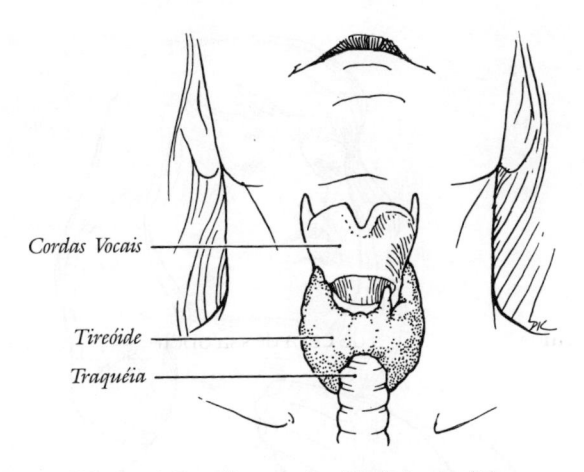

Figura 4. Localização da glândula tireóide.

A história de radioterapia é comum nos pacientes com câncer da tireóide, principalmente quando esse tratamento tiver sido aplicado na lactência ou infância. No passado, as crianças recebiam radiação para tratar problemas como hipertrofia da glândula tímica localizada no pescoço, infecção e hipertrofia das amígdalas, tinha do couro-cabeludo e acne. Esses tratamentos não são mais usados nos Estados Unidos desde a década de 60. O risco de desenvolver câncer da tireóide parece ser diretamente proporcional à dose de radiação absorvida pela tireóide. Infelizmente, esses tumores podem aparecer até 30 anos depois da exposição à radiação.

Em conseqüência do desastre nuclear de Chernobyl em 1986, tem sido observado um aumento dramático dos cânceres da tireóide nas crianças da Ucrânia. Mais de cem casos desse câncer foram diagnosticados na região de Gomel, na Bielorússia, nos poucos anos que se seguiram a essa explosão; nessa região, antes eram diagnosticados apenas um a dois casos por ano. O fato particularmente preocupante dessa taxa de incidência é a rapidez com que se desenvolveu.

Também há evidências crescentes indicando que fatores genéticos possam desempenhar um papel importante em alguns tipos de câncer da tireóide. O proto-oncogene RET está envolvido na indução do carcinoma da tireóide.

Examine para saber se há um tumor da tireóide inspecionando a parte anterior do pescoço, nos dois lados da caixa vocal e traquéia.

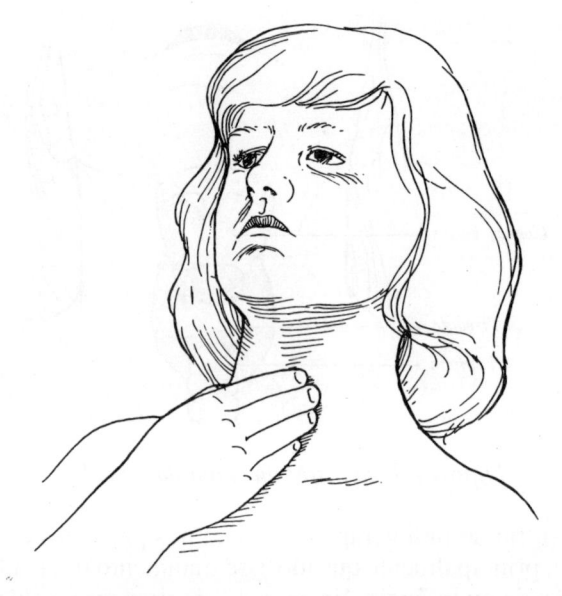

Figura 5. Palpação da glândula tireóide.

Examine essa região no espelho. Quando você deglutir, é possível observar a glândula tireóide subindo e descendo no pescoço, principalmente nos indivíduos com pescoço fino. O tamanho da glândula é semelhante nos dois lados. Se houver um tumor na tireóide, ele pode ser detectado como um abaulamento assimétrico, que se move para cima e para baixo na parte anterior do pescoço, durante o movimento de deglutição.

Em seguida, palpe suavemente a glândula tireóide para detectar tumores (Fig. 5). Na maioria dos casos, não é possível sentir a glândula tireóide normal. Entretanto, se houver um tumor, ele pode ser palpável. Coloque os dedos da mão direita ao longo da superfície esquerda da asa de borboleta da glândula tireóide e engula. Para facilitar esse processo, você pode beber um pouco de água. Se houver um tumor, ele poderá ser palpado como uma massa firme, subindo e descendo pelo pescoço sob os dedos do examinador. Por fim, use os dedos da mão esquerda para examinar o lobo direito da sua tireóide.

Felizmente, a grande maioria das massas detectadas na tireóide é benigna.

Câncer dos Gânglios Linfáticos

Os cânceres que se desenvolvem inicialmente nos gânglios linfáticos são conhecidos como linfomas; esses tumores podem ser divididos em doença de Hodgkin e um grupo que engloba os outros tumores malignos dos gânglios linfáticos, conhecidos como linfomas não-Hodgkin.

Os gânglios linfáticos também podem crescer devido à disseminação de algum câncer de outro órgão. Essa era a causa do crescimento ganglionar do lado esquerdo do pescoço de Todd McCormick.

Os especialistas recomendam que você inspecione e examine seus gânglios linfáticos uma vez por mês. Na grande maioria dos casos, os crescimentos dos gânglios linfáticos resultam de alguma condição benigna como infecção e não são cânceres. Você deve examinar os gânglios linfáticos de três áreas: pescoço, axilas ou sovacos e virilha (Fig. 6).

No pescoço, as três áreas mais comuns em que se desenvolvem crescimentos ganglionares são: região submandibular, localizada logo abaixo e sob a mandíbula nos dois lados; meio do pescoço, cerca de 6 centímetros ao lado da caixa vocal; e área supraclavicular do pescoço, situada na base do pescoço e logo acima da clavícula.

Os gânglios linfáticos axilares, localizados nos sovacos, também devem ser examinados. Isso é realizado pela palpação suave dos tecidos da axila esquerda com os dedos da mão direita. Os dedos devem ser escorregados suavemente de cima para baixo, pressionando os tecidos contra a parede torácica. Repita o processo no lado oposto.

Por fim, os gânglios linfáticos podem crescer na virilha ou região inguinal, situada pouco acima ou abaixo da articulação da coxa com o abdome. Essa pode ser a localização dos linfomas ou de um câncer metastático proveniente de sítios primários como genitália ou pele da perna. Aqui também, na grande maioria dos casos, as massas ganglionares encontradas nessa região são benignas.

O que você deve procurar durante o exame? Em condições normais, os gânglios linfáticos estão presentes em todas essas regiões — pescoço, axila (sovaco) ou virilha. Você pode palpá-los como nódulos firmes, indolores, do tamanho de uma ervilha ou caroço de azeitona. Se os gânglios forem maiores do que isso, será necessário buscar assistência médica.

138 Como Aumentar Suas Chances Contra o Câncer

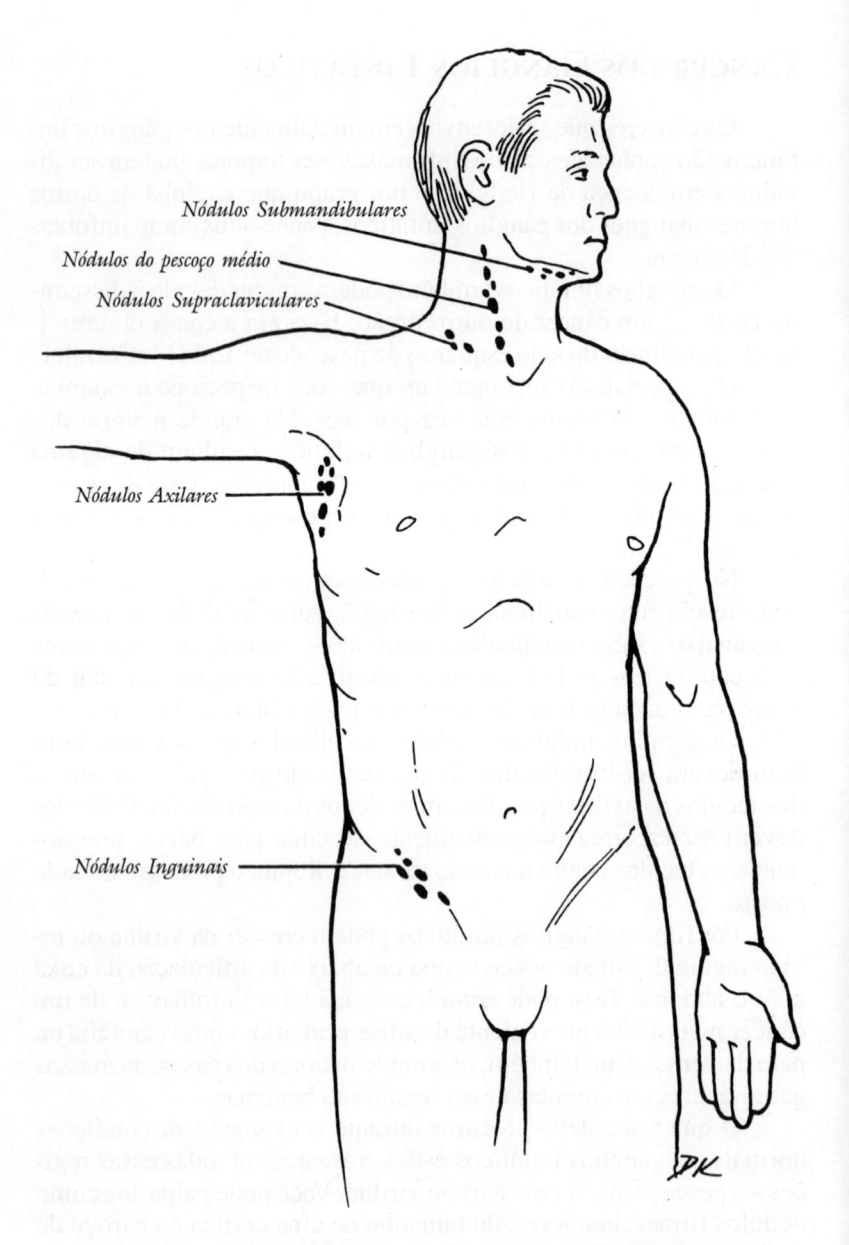

- Nódulos Submandibulares
- Nódulos do pescoço médio
- Nódulos Supraclaviculares
- Nódulos Axilares
- Nódulos Inguinais

Figura 6. Localizações dos gânglios linfáticos principais.

CÂNCER DOS TESTÍCULOS

Embora o câncer dos testículos seja um tumor relativamente raro, nos Estados Unidos são diagnosticados mais de 7.200 casos todos os anos e 350 pacientes morrem anualmente por causa dessa doença. Existem poucas informações sobre porque se desenvolve esse tumor. Entretanto, ele ocorre mais comumente nos pacientes cujos testículos não desceram completamente para a bolsa escrotal.

Embora o câncer testicular seja relativamente raro, ele é o tumor maligno detectado mais comumente nos homens americanos de 15 a 34 anos de idade, responsabilizando-se por cerca de 19 por cento dos óbitos nesse grupo etário. Embora a incidência tenha aumentado nas últimas décadas entre a população da raça branca, esse tumor é raro nos negros americanos.

Os sintomas do câncer testicular são o aparecimento de um caroço no testículo, edema ou crescimento testicular, dor e sensação de peso ou repuxamento na virilha ou escroto.

Ao contrário da maioria dos outros órgãos, quase todos os tumores do testículo são câncer. Entretanto, o epidídimo (ou ducto proveniente do testículo) também se localiza no escroto e pode ser uma área envolvida por inflamação, que em alguns casos simula o aspecto de um tumor testicular (Fig. 7). Apenas o médico pode diferenciar entre crescimento do testículo, que geralmente significa câncer, e aumento do epidídimo, que em geral é benigno.

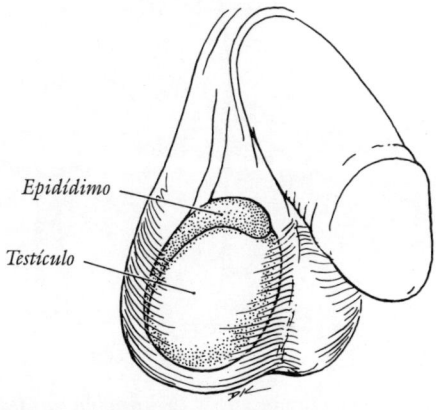

Figura 7. Localização dos testículos e epidídimo no escroto.

A palpação mensal dos testículos, de preferência durante um banho quente, é um procedimento útil para detectar tumores. O câncer pode ser evidenciado por um aumento de tamanho, consistência ou peso dos testículos. Qualquer alteração na área testicular deve justificar uma avaliação clínica imediata.

Capítulo 18

A Psicologia da Detecção do Câncer

Sem dúvida, existem inúmeras perguntas ainda sem solução acerca do câncer. Uma das mais complexas é também a mais importante: por que e como o material genético de uma célula normal transformou-se no gene que codifica o câncer? As pesquisas recentes sugerem a existência de um oncogene localizado dentro das células normais, que pode ser "ativado" e levar ao desenvolvimento do câncer.

Embora a resposta definitiva para esse dilema biológico ainda seja desconhecida, certamente ela é tão obscura quanto o conhecimento do motivo pelo qual certas pessoas adotam e seguem certos padrões de vida que favorecem o desenvolvimento do câncer e, depois, ignoram os sinais e sintomas da doença, quando eles aparecerem.

Infelizmente, os médicos freqüentemente atendem pacientes que ignoram os sintomas do câncer, procurando tratamento apenas depois de períodos de espera que possibilitam o crescimento perigoso — e talvez fatal — do tumor. É quase certo que possamos revelar os enigmas biológicos do desenvolvimento das células cancerosas, muito antes que consigamos compreender plenamente os mecanismos psicológicos desse retardo permitido pelos pacientes.

Sem dúvida, existem algumas causas para esse retardo, inclusive a desinformação ou falta de conhecimento sobre o câncer. Mesmo nos dias atuais em que existem programas educativos generalizados, algumas pessoas ainda ignoram os sintomas do câncer. Em termos bem simples, precisamos continuar intensificando nossos esforços no sentido de esclarecer esse grupo de concidadãos.

Mais difícil de entender e ajudar é a pessoa que está consciente das primeiras manifestações do câncer, mas se recusa a procurar ajuda para si própria. Em geral, as causas dessa inércia são o medo e a negação do problema. Evidentemente, essa é uma reação compreensível; entretanto, desde que se saiba que a detecção precoce de alguns cânceres pode resultar em índices de cura excelentes, poucas pessoas deveriam retardar o tratamento por causa da ansiedade.

As questões econômicas também pode ser responsáveis por alguns desses retardos. O indivíduo podem estar ciente dos sintomas sugestivos de câncer mas, devido ao custo da assistência médica, pode adiar a busca de atendimento. Esse jamais deve ser um motivo para adiamento. Alguns médicos oferecem serviços gratuitos, ou fazem descontos quando as circunstâncias forem justificáveis. Além disto, existem algumas clínicas gratuitas em todos os cantos desse país, nas quais é possível obter assistência adequada. Embora as instalações dessas clínicas possam não dispor de luxos, o atendimento prestado ao paciente é de alta qualidade.

Algumas pessoas adiam a procura por assistência médica porque desejam fazer alguma coisa a mais, que consideram mais importante. Essas prioridades podem incluir a dedicação extremada às suas carreiras ou aos seus empregos. Até certo ponto, isso é compreensível porque garantir a sobrevivência é vital para todos nós. Entretanto, a saúde é mais importante do que qualquer trabalho. Em geral, essas preocupações relacionadas com o trabalho são apenas uma desculpa para adiar o atendimento médico, em vez de representar um medo real de ser demitido ou rebaixado. Lembre-se de que você sempre poderá encontrar um outro emprego, mas não poderá recuperar sua saúde, depois que ela tiver sido perdida.

É muito mais difícil entender as pessoas que consideram suas atividades sociais, profissionais ou recreacionais e metas culturais mais importantes do que a necessidade de buscar assistência médica. É muito freqüente encontrar pessoas que adiam uma avaliação periódica ou tratamento para o câncer por vários meses, porque desejam tirar umas férias. Essas escolhas insensatas podem ter conseqüências fatais. Nesses casos, a pergunta é muito simples: quais são suas prioridades?

Portanto, qual é a atitude que você deve tomar diante do câncer? É necessário manter uma preocupação sensata e adequada quanto a sua saúde, baseada no conhecimento acerca da natureza do câncer. Se você suspeitar de que tem um tumor, não deve entrar em pânico, nem enterrar sua cabeça na areia. Não se entregue ao sentimento de fatalidade que, na maioria dos casos, não se justifica. Conhecimento, maturidade emocional e capacidade de reagir racionalmente a uma ameaça possível à saúde são elementos fundamentais para que você possa tomar atitudes prudentes capazes de salvar sua vida. Você pode conseguir!

Capítulo 19

Sinais de Alerta do Câncer

A Sociedade Americana do Câncer prestou um serviço inestimável ao identificar os sete sinais de alerta do câncer. Esses sinais são:

- Alteração dos hábitos intestinais ou urinários;
- Úlcera que não cicatriza;
- Sangramento ou secreção anormal;
- Espessamento ou caroço na mama ou qualquer outro lugar;
- Indigestão ou dificuldade de engolir;
- Alteração evidente numa verruga ou sinal;
- Tosse ou rouquidão persistente;

Se você tiver um desses sintomas, deve dizer ao seu médico ou procurar uma clínica imediatamente, pois isso pode indicar câncer. Com muita freqüência, esses sinais de alerta são ignorados, trazendo conseqüências desagradáveis.

Sua ansiedade pode ser atenuada pelo fato de que a grande maioria das pessoas que apresentam um ou mais desses sinais não tem câncer. O sintoma ou a alteração física estava sendo causada por alguma outra doença. No entanto, as causas dessas alterações só podem ser determinadas depois de uma avaliação médica. Se você tiver um ou mais desses sinais de alerta, procure fazer essa avaliação imediatamente!

Susan Webster estava ciente do significado de um caroço na mama, já que sua mãe havia desenvolvido câncer de mama e também graças às suas leituras sobre o assunto. Sua resposta imediata levou-a a buscar rapidamente assistência médica; o intervalo decorrido entre seu primeiro sintoma e o diagnóstico do câncer foi de apenas alguns dias. Por outro lado, já que Todd McCormick deu pouca atenção à dor que sentia na boca e mandíbula, alguns meses decorreram antes que ele buscasse atendimento médico. Esse retardo foi fatal.

Capítulo 20

"Sim, Você Está Com Câncer"

Essas palavras são trágicas, mas não necessariamente fatais. Cerca da metade das pessoas que ouvem essa frase assustadora e atordoante sobrevive. No entanto, essa mensagem causa surpresa paralisante. Depois que o choque inicial tiver passado, a reação seguinte típica é de descrença. "Isso não pode estar acontecendo." Em seguida, a fase que se segue é: "Por que eu?". Todas essas fases são compreensíveis e normais. Entretanto, fique consolado por um fato: nesse momento, você está em seu nível mais baixo de bem estar psicológico. A partir desse ponto, quase sempre suas condições emocionais melhorarão. Depois que o diagnóstico estiver confirmado em definitivo, as incertezas terão sido eliminadas e você reagirá de alguma forma positiva.

Suas respostas emocionais são muito importantes, já que desempenham um papel significativo em sua capacidade de escolher um programa de tratamento. Fique calmo, para que suas decisões possam ser acertadas. Aceite a situação e enfrente seu problema. Na maioria dos casos, seu prognóstico não é tão grave quanto você pensa.

Primeiramente, tenha certeza de que você pode enfrentar a situação. Centenas de milhares de pessoas enfrentaram esse problema com sucesso; você também pode e o fará. Tenha confiança em si próprio, mesmo em face da provação psicológica mais grave de sua vida. Viva um dia de cada vez. A cada dia, seus próprios cuidados. Uma relação franca e aberta com seu médico é fundamental. Ele deve dizer-lhe tudo o que sabe acerca da sua condição, usando termos que você possa entender; além disto, você deve fazer-lhe quaisquer perguntas que tiver em mente. Essa troca sincera de informações é muito importante para estabelecer uma relação sólida e tranqüilizadora entre vocês dois; tal relação será de grande valia nos dias que se seguirão. Se você sentir que essa comunicação aberta não está acontecendo, expresse sua preocupação com seu médico. Discutir sua impressão com seu médico ajuda a clarear a atmosfera e iniciar o diálogo amigo de que você precisa. Em alguns casos, tendo em vista as particularidades de cada personalidade humana, nem sempre é possível relacionar-se facilmente com seu médico. Se isso acontecer, explique isso a ele e procure atendimento com outro profissional.

A Importância das Suas Decisões

O primeiro tratamento aplicado ao seu câncer tem importância fundamental, pois se esta primeira tentativa falhar e o tumor recidivar, o sucesso do tratamento subseqüente não será tão completo. Seu primeiro tratamento é a melhor chance de obter a cura. Esse princípio é válido quando o primeiro tratamento for cirurgia, radioterapia ou quimioterapia. Portanto, é extremamente importante que médicos competentes planejem seu tratamento inicial e apliquem-no com a intensidade adequada. Nada pode ser feito para alterar as propriedades biológicas intrínsecas do seu câncer, mas você pode controlar essas opções terapêuticas e isso é muito importante. As apostas são muito altas para que se possa economizar tempo, esforços ou gastos. Embora o câncer seja um inimigo implacável, ele pode ser vencido. Contudo, para tanto, você deve receber o melhor tratamento existente.

Conseguindo Informações

Quanto mais você souber sobre todos os aspectos do seu câncer, mais acertadas serão suas decisões. Agora é o momento de adquirir as informações, a partir das quais poderá basear suas decisões.

Primeiramente, você precisa conhecer sua doença. Em termos mais exatos, que tipo de câncer você tem? Em qual órgão ele está localizado? A doença já está disseminada? Quais são os tipos de tratamento disponíveis a você? Qual é seu prognóstico? Conhecer sua doença é um processo fundamental para as decisões a serem tomadas. Aprenda tudo o que você puder.

Entretanto, lembre-se de que há um limite para as informações que você deve buscar. Nessas circunstâncias, é impossível fazer um curso de emergência em oncologia. Mergulhar muito fundo nos termos altamente técnicos usados para descrever o câncer por certo é mais improdutivo do que útil. Tentar avaliar os resultados dos trabalhos publicados na literatura médica, que geralmente são confusos e conflitantes, pode gerar ansiedade nos corações mais resolutos. Portanto, em geral, você terá adquirido informações suficientes quando conseguir entender os princípios relativos à doença, que poderão influenciar suas escolhas referentes ao tratamento.

Uma área mais importante a ser investigada por você é onde será possível receber a melhor assistência médica. É necessário encontrar oncologistas qualificados, determinar a localização dos recursos especializados (como unidades de radioterapia) e saber onde se encontram serviços multidisciplinares de atendimento ao câncer. Procure familiarizar-se com essas possibilidades de tratamento, tanto em sua comunidade, quanto em locais mais distantes.

Fontes de Informação

Existem algumas fontes, nas quais você pode obter essas informações:

O Instituto Nacional do Câncer (INC) criou um Serviço de Informações sobre o Câncer (CIS) para o público, em 19 escritórios regionais (Apêndice 2). Você pode ligar gratuitamente para 1-800-4-Câncer (1-800-422-6237). Equipes treinadas responderão às suas perguntas e fornecerão as informações de que você necessita, quanto às instituições para diagnóstico e tratamento (veja o apêndice). A área servida engloba os estados continentais dos Estados Unidos, Havaí, Alasca e Porto Rico. O CIS funciona de segunda a sexta, das 9 horas às 16h30 (hora local). Existem atendentes que falam inglês e espanhol. O NCI também mantém para sua consulta dois bancos de dados com informações abrangentes sobre o câncer — PDQ e CANCERLIT.

PDQ é um banco de dados dinâmico, atualizado regularmente para assegurar que as informações contidas sejam compatíveis com os resultados das últimas pesquisas sobre o câncer. O PDQ contém textos informativos descrevendo os últimos avanços no tratamento, assistência de suporte, rastreamento e prevenção do câncer; um registro extensivo com mais de 1.500 estudos clínicos em andamento, com informações sobre pesquisas realizadas em todo o mundo; e descobertas realizadas por mais de 23 mil médicos e mais de 11 mil organizações envolvidas no tratamento e na assistência ao câncer. A maioria dos textos informativos sobre o câncer aparece em duas versões: uma técnica para profissionais de saúde e outra versão leiga para pacientes, seus familiares e o público em geral; essas duas versões estão disponíveis em inglês e espanhol. As informações existentes nesse banco de dados são revisadas pelas comissões editoriais das especialidades de oncologia e são atualizadas mensalmente.

CANCERLIT é um banco de dados bibliográficos. Também atualizado mensalmente, ele contém referências sobre o vasto campo da literatura sobre o câncer publicada desde 1963 até a data de hoje. Mais de 1.200 mil citações e resumos de mais de 4 mil, bilhões de fontes diferentes, inclusive jornais biomédicos, relatórios, livros, trabalhos e teses de doutorado, podem ser encontrados no CANCERLIT. Esse banco de dados contém resumos e todos os registros têm informações de referência e campos descritivos adicionais, tais como tipo de documento e língua na qual o trabalho foi escrito.

As informações fornecidas pelo PDQ e CANCERLIT estão disponíveis em vários meios de distribuição eletrônica. Existem vários métodos pelos quais os profissionais de saúde e o público em geral podem acessar as informações sobre câncer por si próprios, ou com a ajuda do INC. Além disto, você já pode ter acesso a esses bancos de dados por meio do seu próprio prestador de informações. Esses dois bancos de dados estão disponíveis *online* e em CD-ROM, que são vendidos por distribuidores comerciais e entidades sem fins lucrativos.

Para consultar a lista dos distribuidores atuais do INC, por favor, ligue para *Licensing Coordinator* no telefone 301-496-4907, ou envie um *e-mail* para license@icic.nci.nih.gov.

O Centro Internacional de Informações sobre o Câncer do INC dispõe de um *web-site* — CancerNet —, que proporciona informações para profissionais de saúde e acesso ao público a várias informações sobre câncer. Nesse site, você pode acessar textos informativos completos disponíveis no PDQ, descrevendo os últimos avanços no tratamento, assistência de suporte, rastreamento e prevenção do câncer. No CancerNet, você pode pesquisar o PDQ sobre experiências clínicas e informações sobre o câncer, assim como fazer sua seleção por escrito para profissionais de saúde ou uma versão leiga para pacientes, seus familiares e para o público em geral. No CancerNet também podem ser encontrados jornais especializados sobre vários temas relacionados ao câncer, assim como um formulário para pesquisas especialmente desenvolvido — o banco de dados CANCERLIT e algumas informações selecionadas do *Journal of National Cancer Institute*. Um outro aspecto útil é a quantidade de *links* com outros *web sites*, que são selecionados e revisados quanto à qualidade e confiabilidade por especialistas em oncologia.

Acesso: O URL é http://cancernet.nci.nih.gov.

• • •

Você também pode acessar informações selecionadas sobre o câncer através do correio eletrônico e *gopher*. Os textos completos do PDQ sobre tratamento, assistência de suporte, rastreamento e prevenção do câncer estão disponíveis no CancerMail, assim como jornais especializados sobre temas atuais relacionados com o câncer e pesquisas de temas especialmente criados a partir do banco de dados do CANCERLIT. As informações escolhidas também podem ser obtidas em espanhol.

Você pode enviar uma mensagem em correio eletrônico da Internet para cancernet@icicc.nci.nih.gov com a palavra "ajuda" no texto da mensagem; uma lista de assuntos e instruções serão enviadas a você por seu correio eletrônico. Você também pode solicitar seu programa de cliente *gopher* em gopher.nih.gov.

CancerFax é um serviço de fornecimento de documentos por fax, que proporciona informações selecionadas do PDQ e outras fontes fornecidas pelo INC ao público. Os textos completos do PDQ sobre tratamento, assistência de suporte, rastreamento e prevenção do câncer podem ser conseguidos pelo CancerFax, assim como jornais especializados sobre temas relativos ao câncer e tópicos de pesquisa especialmente criados a partir do banco de dados do CANCERLIT.

As informações selecionadas no CancerFax também podem ser enviadas em espanhol.

Acesso: você precisa ter um fax com telefone; seu fax deve estar ajustado para discagem em "toque-tom". Ligue 301-402-5874 pelo telefone do seu fax e aguarde o sinal de voz para recuperar as informações de que precisa.

• • •

Evidentemente, todas essas fontes somam uma quantidade enorme de informações. Se você irá ou não usá-las, é uma decisão basicamente individual. As escolhas serão baseadas em sua saúde física e emocional numa fase extremamente estressante da sua vida. Você deve fazer essa escolha por si próprio. Essas informações foram apresentadas neste livro para que você possa proceder com eficiência e confiança, caso deseje pesquisar em detalhes sua doença e seu tratamento.

A Sociedade Americana do Câncer dispõe de escritórios regionais em todos os Estados Unidos, que oferecem inúmeros serviços ao paciente com câncer. Entre eles, está um programa de informações que lhe orienta sobre as oportunidades de assistência disponíveis. (Veja o Apêndice 3.)

Recursos Locais

- As escolas de medicina da sua localidade também podem fazer recomendações de médicos e hospitais qualificados. Alguns deles estão disponíveis na própria universidade de medicina.

- A Sociedade Médica da sua localidade geralmente dispõe de uma lista de médicos especializados em oncologia. Essa lista pode ser uma fonte valiosa de informações.

- Seu médico, se não for oncologista, deverá conhecer profissionais em sua comunidade, que dispõem de treinamento especializado em oncologia. Além disto, seu médico poderia recomendar um ou vários colegas, que seriam mais convenientes para suas necessidades médicas e pessoais.

Fazendo Sua Escolha

O diagnóstico está confirmado: você tem câncer. O que fazer agora?

Antes de tudo, esteja certo de que você tem tempo suficiente para planejar e iniciar seu contra-ataque. Lembre-se de que alguns cânceres precisam de vários anos para passar de uma célula a um tumor de 1 centímetro. Portanto, alguns dias ou poucas semanas perdidas enquanto você estiver mobilizando seus recursos contra a doença não influenciarão negativamente suas chances. Há tempo suficiente para obter uma segunda opinião sobre sua condição. Entretanto, você não deve demorar em procurar essas opiniões complementares.

O mais importante é que você não entre em pânico com o tratamento quase imediato. Em muitos tumores, por exemplo, os de mama, pele, cólon, estômago e outros, a biópsia pode ser realizada antes do tratamento. Fique precavido contra a recomendação de que um procedimento cirúrgico definitivo precisará ser realizado ao mesmo tempo, ou dentro de 24 horas ou mais depois da obtenção do resultado positivo da biópsia. Embora em alguns casos possa ser necessário realizar uma cirurgia imediata, geralmente há tempo para planejar o tratamento depois do resultado da biópsia.

Por outro lado, é importante evitar o risco de adiar suas decisões por um período longo, enquanto você estiver procurando opiniões especializadas de vários profissionais. As "andanças" prolongadas em busca de uma opinião que você deseja ouvir são contraproducentes. Existe um equilíbrio delicado entre o tempo necessário para obter todas as informações razoáveis de que você precisa e um retardo indevido da decisão, causado pela racionalização de desejos ou pela incapacidade de tomar decisões. Proceda com cuidado e presteza nessa fase importantíssima da sua campanha contra o câncer.

Tome a decisão que for melhor para você, levando em consideração vários fatores, inclusive as evidências relacionadas com a natureza e extensão do seu tumor e a complexidade do seu tratamento. Outras considerações são suas reações psicológicas pessoais às diversas situações, nas quais você pode procurar tratamento. Não existe o "melhor" local para tratar-se do seu câncer. Na verdade, você por certo reside próximo de algumas instituições, onde pode obter assistência de qualidade. Entretanto, geralmente existem duas situações em que você pode obter cuidados oncológicos adequados — centros de oncologia e unidades médicas locais. Esses contextos serão analisados separadamente.

Centros de Oncologia

Nos Estados Unidos, existem cerca de 150 centros de oncologia. Alguns deles estão envolvidos apenas com pesquisas básicas e não proporcionam assistência aos pacientes. Outros desempenham atividades predominantemente clínicas.

Os Centros de Oncologia Geral freqüentemente são as maiores unidades desse tipo. A designação de Centro de Oncologia Geral é estabelecida pelo Instituto Nacional do Câncer do governo federal, apenas depois de uma revisão rigorosa das atividades do centro, que podem incluir programas de alto nível nas áreas de pesquisas básicas e clínicas, atividades de assistência hospitalar e controle do câncer (*veja Apêndice 4*). A maioria desses centros oferece orientação aos pacientes. Em geral, eles estão ligados às grandes universidades.

Se você optar por tratar-se num centro de oncologia, pode ter certeza de que estará recebendo assistência da melhor qualidade. A marcação de uma consulta com a equipe médica desses centros é muito difícil; quase sempre, a equipe que lhe atenderá e tratará tem demonstrado altos níveis de competência em suas especialidades. Além disto, seus componentes estarão conscientes dos últimos progressos nas pesquisas do câncer, efetuados em instituições de todo o mundo.

Muitos pacientes tratados nos centros de oncologia (embora isso nem sempre ocorra) são incluídos em protocolos de pesquisa. Isso significa que novas técnicas ou fármacos estarão sendo usados na luta contra o câncer. Para ser tratado nesses centros, você não é obrigado a participar de um estudo experimental, nem os médicos forçarão essa decisão. Contudo, essa opção será dada a você.

Existem algumas vantagens de estar num protocolo de pesquisa. Você receberá o melhor tratamento conhecido pelos especialistas reconhecidos em oncologia; sua assistência será meticulosa e você será avaliado com mais freqüência e realizará mais exames do que os pacientes que não estiverem incluídos no protocolo, já que seus médicos estão interessados em adquirir o maior número de dados possíveis quanto à eficácia do tratamento que está sendo oferecido. Embora isso traga alguns inconvenientes, também garante uma avaliação meticulosa e detalhada dos seus progressos. Esses protocolos ampliam os conhecimentos sobre o câncer e têm proporcionado melhoras dramáticas em muitos tipos de câncer. Implícito no protocolo de pesquisa está o processo de distribuição aleatória, pelo qual seu tratamento específico será determinado dentre várias opções de tratamento aparentemente equivalentes. Alguns pacientes não gostam dessa abordagem.

Um aspecto negativo do tratamento num centro de oncologia pode ser a localização. O centro pode ficar distante da sua casa, tornando a viagem inconveniente, difícil e onerosa para sua família. Além disto, para algumas pessoas que poucas vezes saíram de casa, esse deslocamento pode ser um transtorno.

Assistência na Comunidade

Se você optar por receber assistência em sua própria comunidade, fique certo de que é possível receber cuidados médicos de qualidade nesse contexto. Grandes números de oncologistas que praticam em hospitais da comunidade receberam treinamento nos centros de oncologia. A maioria desses profissionais é de oncologistas clínicos ou quimioterapeutas. Menos numerosos do que os oncologistas clínicos, mas também bem treinados e especializados em doenças malignas, são o cirurgião oncológico, radioterapeuta e oncologistas ginecológico e pediátrico. Essas especialidades exigem treinamento adicional na área do câncer, depois da conclusão dos pré-requisitos para sua certificação na especialidade, por exemplo em cirurgia e obstetrícia/ginecologia. É recomendável que você tenha um oncologista de uma dessas especialidades envolvido em seu caso, ou desempenhando um papel importante no processo de decisão. Também é recomendável que você tenha um médico (geralmente oncologista) coordenando ou orientando os esforços terapêuticos.

A pergunta que geralmente se faz é: como posso avaliar a competência de um médico? Infelizmente, isso não é possível. Entretanto, você pode ter uma boa noção sobre seu valor entre os colegas, por meio de perguntas adequadas. Se você estiver procurando um oncologista, procure saber se ele tem títulos de especialista. Você também pode averiguar se ele é membro de uma das associações principais de oncologia. A admissão a essas organizações ocorre apenas depois da avaliação rigorosa pelos colegas de especialidade. Peça ao seu médico de família para recomendar um oncologista.

Infelizmente, algumas pessoas não querem obter orientação. Elas solicitam a recomendação de um especialista competente e, quando recebem uma lista com esses nomes, escolhem qualquer um. Por favor, se você pedir conselho a alguém que deveria saber, avalie cuidadosamente suas recomendações.

Programas de Câncer Aprovados pelo Colégio Americano de Cirurgiões

Quase tão importante quanto sua escolha de um médico, será a escolha do hospital onde seu tratamento será realizado. Os médicos dispõem de alguns poucos hospitais aos quais estão afiliados e este fator deve ser levado em consideração. Você pode preferir ser tratado por um médico ou num hospital diferente, se o primeiro não estiver afiliado ao outro.

Sua escolha de um hospital para receber tratamento desempenhará um papel importante no sucesso da sua assistência. Conseqüentemente, é importante que você conheça os hospitais comprometidos com a assistência de qualidade aos pacientes com câncer. O Colégio Americano de Cirurgiões prestou um serviço inestimável e admirável ao revisar e analisar as credenciais dos programas hospitalares de câncer. A Comissão do Câncer desse Colégio estabeleceu os critérios que um hospital precisa ter para receber a aprovação ao programa. Esses critérios incluem a existência de uma comissão multidisciplinar na equipe do hospital, encarregada de revisar as atividades relacionadas ao câncer. Conferências educativas e sessões clínicas devem ser realizadas freqüentemente, a fim de assegurar que os médicos da equipe tenham acesso às últimas informações sobre o câncer e à consultoria multidisciplinar. Por fim, o hospital deve ter um registro de casos relacionando todos os pacientes com câncer por diagnóstico, que foram tratados nessa instituição. Esse registro acompanha os pacientes para determinar suas taxas de sobrevida. Além disto, os registros de pacientes realizam análises freqüentes da experiência do hospital, no que se refere à sobrevida dos pacientes.

Você estará bem orientado se levar em consideração essas designações do Colégio Americano de Cirurgiões ao escolher o seu hospital. *(Veja Apêndice 5.)* A aceitação nesses programas indica que estão sendo seguidos altos padrões de organização, seleção de pessoal e revisão das estatísticas de sobrevida. Entretanto, isso não quer dizer que não existam programas de alta qualidade, nos hospitais que não solicitaram a aprovação desse Colégio.

• • •

Qualquer que seja sua escolha quanto ao local de tratamento, leve consigo as lâminas da patologia microscópica para serem interpretadas por um outro patologista. Em alguns casos, pode haver discordância no diagnóstico, o que teria conseqüências importantes. Embora isso não seja muito comum, pode acontecer.

Além disto, antes de começar o tratamento, todas as opções devem ser explicadas por sua equipe médica. A abordagem usada em seu tratamento deve ser multidisciplinar. Num hospital aprovado pelo Colégio Americano de Cirurgiões, você pode solicitar que seu caso seja apresentado à comissão local de oncologia, para ser discutido entre oncologistas especializados em algumas disciplinas. Essas discussões podem não influenciar, mas ajudam seu programa terapêutico. Essa conferência será realizada sem custos para você.

Procure averiguar se as unidades de tratamento da sua comunidade estão associadas a algum centro de oncologia geral, ou a um dos grupos cooperativos de pesquisa sobre câncer. Com esses dois tipos de associação, você terá certeza de que os oncologistas da sua comunidade estão colaborando com os líderes nacionais dessa área em estudos experimentais, o que indica que a assistência prestada é de alta qualidade.

Por fim, independentemente do local de tratamento, você poderá ser forçado a escolher entre formas alternativas de tratamento. Sem dúvida, essas escolhas são difíceis, confusas e causam ansiedade. No entanto, embora elas sejam difíceis, fique certo de que a longo prazo, qualquer uma das terapias propostas provavelmente produzirá resultados quase equivalentes. Se elas não conseguissem índices de cura praticamente iguais, uma ou outra já teria sido abandonada como opção de tratamento. Portanto, a escolha é apenas uma questão de preferência pessoal, baseada em seus interesses e suas características, em vez dos méritos relativos de qualquer tratamento.

Uma situação particularmente angustiante — para o paciente e também para seu médico — é a busca da "cura miraculosa" por um paciente que não consegue aceitar a realidade dessa doença e não se sente satisfeito com o tratamento oferecido. Mesmo pessoas inteligentes tornam-se vítimas dessa situação e iniciam uma busca prolongada, dispendiosa e debilitante por uma cura milagrosa e rápida, que na verdade não existe. Os oncologistas conhecem todas as opções de tratamento. Infelizmente, hoje em dia não existem fármacos ou tratamentos miraculosos que possam curá-lo rápida e definitivamente. Em geral, esses pacientes gastam seus recursos físicos, emocionais e financeiros numa busca infrutífera por algo que simplesmente não existe. Diante da circunstância difícil do diagnóstico de um câncer, os pacientes e seus familiares podem buscar assistência médica com charlatões. Por favor, fique longe desses profissionais.

Acompanhamento

Um aspecto muito importante da sua guerra total contra o câncer é o acompanhamento. Depois que você já teve um tipo de câncer significativo, será necessário avaliá-lo periodicamente pelo resto da vida, a fim de garantir que suas condições de saúde sejam mantidas. Essas avaliações periódicas asseguram que, se houver alguma recidiva da doença, ela será detectada na fase mais precoce possível, quando então ainda haverá chance de cura ou controle prolongado câncer. Além disto, os pacientes que já tiveram câncer têm grande risco de desenvolver outros tumores. Por exemplo, uma mulher que teve câncer de mama, em comparação com a população geral, tem mais chances de desenvolver um tumor maligno na outra mama.

As avaliações de acompanhamento proporcionarão chances máximas de controle permanente do seu câncer. Depois que a ansiedade inicial gerada pelo retorno para a primeira consulta de acompanhamento for atenuada, esses exames trarão enormes benefícios emocionais, já que eles confirmarão que suas condições de saúde são excelentes.

Mudando Seu Estilo de Vida

Você detectou um câncer num estágio precoce do seu desenvolvimento; procurou assistência médica prestada por profissionais competentes e habilidosos. A doença foi erradicada. Você iniciou voluntariamente um programa periódico de acompanhamento com seu médico ou oncologista. Todas essas etapas ajudam a garantir uma vida saudável.

Entretanto, embora tenha feito tudo isso, há uma última exigência para aumentar ainda mais suas chances contra o câncer. Chegou a hora em que você precisa ampliar suas vantagens contra o desenvolvimento de um outro (e segundo) câncer, que pode acometer o mesmo órgão que o tumor inicial, ou envolver uma estrutura diretamente relacionada. O segundo câncer pode ser causado pelo mesmo fator, ou fatores que desencadearam o primeiro. Por exemplo, se você foi tratado com sucesso para um câncer da língua e era fumante, será necessário parar de fumar imediatamente. Caso contrário, você poderá desenvolver um outro câncer dos tecidos intra-orais, ou um tumor semelhante no pulmão.

Da mesma forma, se você teve melanoma, será necessário evitar a exposição excessiva ao sol, a fim de reduzir o risco de ter um outro câncer de pele não relacionado.

Infelizmente, é freqüente encontrar pessoas que foram tratadas com sucesso de um câncer e que, depois de alguns anos, desenvolvem um outro câncer causado pelos mesmos fatores etiológicos. Nada é mais trágico do que isso. Você precisou lutar muito para vencer o câncer na primeira vez; não desperdice sua sorte. Em vez disto, modifique seu padrão de vida e assuma hábitos saudáveis.

Capítulo 21

Você
e a
Sociedade

Até aqui, focalizamos nossa discussão unicamente em você como pessoa — as medidas que você pode tomar para evitar a ocorrência de um câncer, ou detectar a doença no estágio mais precoce possível, se ela ocorrer. Entretanto, existem outras etapas que você pode seguir para aumentar os índices de cura do câncer. Como indivíduo, você deve participar da batalha contra essa doença tenebrosa junto com seus concidadãos.

Nos primeiros anos da década de 70, o povo americano, através do seu Congresso, comprometeu-se em implementar um programa nacional para eliminar ou controlar o câncer. Esse compromisso foi transformado em lei pelo Congresso e, consequentemente, os financiamentos federais para pesquisa, educação e tratamento do câncer foram abundantes nessa década. Felizmente, esse apoio possibilitou descobertas sem precedentes no campo da biologia. O índice de cura do câncer tem aumentado continuamente, ainda que de forma lenta, mas há otimismo quanto ao futuro. O câncer era e ainda é o principal problema de saúde do povo americano. Na verdade, seria trágico se o apoio às pesquisas fosse reduzido nesse momento, em que há a possibilidade real de melhoras significativas no futuro.

Outra forma pela qual você pode manifestar seu comprometimento com essa causa é dar apoio às organizações e atividades que estão patrocinando a luta contra o câncer.

A Sociedade Americana do Câncer é uma organização voluntária nacional, que há décadas vem liderando a batalha contra essa doença. Graças às autoridades que a compõem, essa Sociedade tem feito contribuições expressivas, patrocinando pesquisas sobre câncer e a assistência aos pacientes. Algumas descobertas realizadas em laboratórios, possibilitadas pelo financiamento dessa Sociedade, têm sido de valor inestimável na melhoria dos índices de cura dessa doença. Além disto, essa Sociedade patrocina as atividades de assistência aos pacientes e tem implementado programas educativos de amplo alcance, tanto nas esferas profissional, quanto pública. A Sociedade Americana do Câncer tem realizado um trabalho extremamente louvável e é digna do nosso apoio.

Além disto, a Comissão do Câncer do Colégio Americano de Cirurgiões tem realizado pesquisas clínicas importantes sobre as tendências nacionais do diagnóstico e tratamento do câncer. Essa Comissão também promulgou e vem monitorando padrões da assistência ao câncer nos hospitais americanos.

Se você quiser participar mais diretamente da luta contra o câncer, pode contribuir com seus esforços pessoais ou seu apoio financeiro para qualquer um dos centros de pesquisa sobre o câncer. Essas instituições recebem de bom grado ajuda voluntária em qualquer um dos diversos programas. Elas também podem receber sua ajuda financeira; a pesquisa sobre o câncer é uma atividade dispendiosa.

> VOCÊ PODE COLABORAR NA LUTA CONTRA O CÂNCER POR MEIO DO ENVOLVIMENTO PESSOAL E COM RECURSOS FINANCEIROS.

Por fim, já que existe ampla conscientização pública quanto aos fatores que produzem câncer na sociedade — como fumo e álcool —, seus membros devem tomar medidas que visem eliminar ou reduzir esses riscos. O exemplo clássico da necessidade de atuação social é a indústria do fumo. O tabaco é o principal risco evitável para a saúde e devem ser envidados todos os esforços para reduzir seu consumo. Entretanto, é evidente que a legislação que busque reprimir o direito dos adultos de tomar decisões é contraproducente. Por exemplo, seria inexeqüível uma tentativa de impedir as vendas de cigarros aos adultos. Por outro lado, é necessário tomar medidas drásticas para limitar a venda de cigarros às crianças e aos adolescentes. Pode-se argumentar que esses jovens não são capazes de tomar decisões prudentes e maduras relativas à sua própria saúde.

Além disto, uma questão que precisa ser enfrentada é o uso dos dólares dos seus impostos para financiar a indústria do tabaco. Entretanto, no processo de desarticulação da produção do fumo, a situação financeira e pessoal dos plantadores de tabaco deve ser levada em consideração. Se os subsídios federais forem suspensos, será necessário descobrir formas de ajudar esses agricultores a buscar outros empreendimentos agrícolas.

Um outro exemplo é a necessidade de que você e a sociedade tomem medidas mais rigorosas para desenvolver padrões mais saudáveis de consumo do álcool. Também nesse caso, é impossível tentar banir o álcool. No entanto, são necessários esforços para conscientizar todos nós, principalmente nossos filhos adolescentes, dos efeitos devastadores que o álcool produz. Já que nossa sociedade tem se mostrado muito passiva nesse aspecto, o consumo excessivo de álcool tem sido tolerado silenciosamente. Esse é um erro grave e dispendioso.

Capítulo 22

Conclusões Finais

Em algumas das suas formas, o câncer é uma doença curável e controlável. Os índices de cura têm sido aumentados contínua e significativamente: na década de 20, o índice de cura do câncer era de apenas 20 por cento; na década de 50, cerca de um dentre cada três pacientes era curado; hoje em dia, o índice de cura chegou a cerca de 50 por cento. Essa melhora notável não ocorreu sem motivo. Esse progresso foi conseguido como resultado de amplos esforços de pesquisa, tanto em laboratórios, quanto na prática clínica.

Há algumas décadas, todas as crianças que desenvolviam leucemia aguda morriam com a doença; 90 por cento morriam dentro do primeiro ano. Foram desencadeados esforços intensivos de pesquisa para corrigir essa situação terrível, foram desenvolvidos novos agentes antineoplásicos e sua utilização mais eficaz foi investigada intensivamente. A importância do tratamento antibiótico das infecções que se desenvolvem com freqüência nesses pacientes jovens devastados pela doença também foi realçada e a contribuição da radioterapia do cérebro e da coluna vertebral para eliminar as células leucêmicas passou a ser reconhecida. A importância clínica de reduzir a exposição aos agentes infecciosos presentes no ambiente também foi demonstrada e foram desenvolvidos métodos para assegurar esse isolamento. Além disto, tornou-se inequívoca a importância do suporte psicológico e social ao paciente e sua família.

Todos esses progressos foram conseguidos graças a uma série de conquistas lentas, laboriosas e geralmente corajosas. Esses avanços só foram possíveis pela dedicação dos pequenos pacientes, seus familiares, seus médicos atendentes e cientistas de apoio. A coragem desses pequenos pacientes foi o fator indispensável dessa batalha memorável. O índice de cura de 80 por cento, que foi conseguido para as crianças com leucemia, é uma comprovação do sucesso dessas batalhas. O fato de que algumas crianças ainda morrerem exige nosso comprometimento com o futuro. Por fim, esse compromisso levará à cura de todos os cânceres. Com essa dedicação, o medo do câncer será eliminado no futuro.

Capítulo 23

Comentários Sobre o Acompanhamento

Essas notas de acompanhamento descrevem as histórias de dois pacientes com câncer, que foram apresentadas a título de ilustração neste livro. Suas evoluções por fim chegaram a resultados diferentes.

Todd McCormick

Numa consulta de acompanhamento rotineira, cerca de cinco meses depois da operação de Todd, apareceu uma ulceração no assoalho da boca, nas proximidades do câncer inicial. Nessa mesma ocasião, também foi evidenciado certo espessamento dos tecidos na parte esquerda do pescoço. Seus médicos não tinham certeza se essas alterações eram atribuíveis a uma recidiva do câncer, ou causadas pelo tratamento cirúrgico e pela radioterapia realizados antes. Depois de um período de observação de três semanas, a ulceração da boca foi biopsiada e revelou uma recidiva do carcinoma espinocelular.

Tendo em vista o fracasso dos tratamentos cirúrgico e radioterápico, Todd foi encaminhamento aos oncologistas clínicos para avaliar a indicação de usar quimioterapia. Embora as chances de qualquer recuperação significativa fossem remotas, o tratamento quimioterápico foi iniciado. Entretanto, houve redução impressionante do tamanho do tumor. Ao final do terceiro mês de tratamento — realizado em nível ambulatorial —, não havia qualquer sinal do câncer. Todd voltou ao trabalho em condições de saúde satisfatórias.

Contudo, pouco tempo depois, a ulceração causada pelo câncer recidivou mais uma vez e, a partir de então, progrediu inexoravelmente. A dor, que havia desaparecido depois da cirurgia, voltou e intensificou-se progressivamente. Para que Todd não sentisse dor, foi preciso usar sucessivamente aspirina, codeína e opiáceos em doses cada vez maiores. A massa tumoral do lado esquerdo do pescoço ulcerou para a pele e resultou num trajeto fistular entre a parte interna da boca e a pele, pela qual drenavam pus e saliva. Algumas vezes, ocorriam episódios de sangramento de pouca monta.

Durante esse período, Todd continuou em casa por solicitação pessoal. Entretanto, começaram a ocorrer problemas significativos nas áreas psicológica e de enfermagem, que exigiram a reinternação no hospital, pois sua esposa, apesar dos seus esforços dedicados, não conseguia atender a todas as necessidades do paciente. Todd começou a apresentar dificuldade de respirar devida à obstrução causada pelo tumor, especialmente quando se deitava. Isso lhe causava grande angústia. Por esse motivo, foi realizada uma traqueostomia sob anestesia local. Essa intervenção melhorou sua falta de ar e a ansiedade associada. A quimioterapia foi interrompida e a família reuniu-se com seu médico e assistentes sociais, para determinar as melhores medidas paliativas para o caso. A internação num hospital de apoio estava sendo planejada, quando Todd apresentou uma hemorragia maciça pela ferida aberta na parte esquerda do pescoço e sangrou até morrer alguns minutos depois. O paciente morreu cerca de 11 meses depois de procurar seu médico pela primeira vez.

● ● ●

Diagnóstico da Autópsia
Nome: McCormick, Todd H.
Idade: 58

Sexo: Masculino
Raça: Branca
Número do exame patológico: 97A160
Horas decorridas depois do óbito: 13
Restrições à Autópsia: Nenhuma
Número de série: 733-14-24
Setor: Cirurgia
Médico atendente: Patrick X. Ruggles, MD
Autópsia realizada por: Claudia A. Levy, MD
Internado: 26/7/97 às 10h05
Óbito: 13/8/97 às 20h45
Data da autópsia: 14/8/97 às 9h45
Solicitante: Sra. Todd McCormick (esposa)

Resumo Clínico:
Esse paciente branco de 58 anos foi submetido a uma operação salvadora para carcinoma espinocelular com metástase para o lado esquerdo do pescoço. Depois da cirurgia, recebeu radioterapia na dose total de 6 mil rads aplicados no pescoço e tecidos intra-orais. A recidiva foi comprovada por biópsia e o paciente iniciou quimioterapia. Depois da resposta inicial, o tumor recidivou na boca e no pescoço. O paciente morreu devido a uma hemorragia maciça pelo pescoço.

Resultados do Exame Macroscópico:
O paciente era um homem branco, emagrecido, medindo 1,63 centímetros. Seu peso era de cerca de 65 kilos. Havia um tubo de traqueostomia instalado. O tumor era uma massa vegetante volumosa no lado esquerdo e parte superior do pescoço, que havia produzido ulceração extensa.

Havia um trajeto fistular entre a pele e o orofaringe e um coágulo dentro da boca e na ferida ulcerada. Com a retirada desse coágulo, foi evidenciada uma ruptura da artéria carótida comum. Durante a exploração das cavidades pleurais, foram encontrados vários nódulos distribuídos pelos pulmões, compatíveis com câncer metastático. Havia gânglios mediastínicos grandes, também sugestivos de disseminação metastática. O coração e pericárdio estavam praticamente normais. A cavidade abdominal foi aberta e havia o seguinte:

Diagnóstico da Autópsia:

1. Carcinoma espinocelular da língua com metástases para o pescoço.
2. Ulceração do lado esquerdo do pescoço, secundária ao carcinoma.
3. Ruptura da artéria carótida comum
4. Carcinoma espinocelular metastático para pulmão
5. Carcinoma espinocelular metastático para fígado

Susan Webster

Durante o primeiro ano que se seguiu à cirurgia, Susan foi atendida por seu cirurgião a cada dois meses. Em nenhuma dessas consultas havia qualquer queixa a ser relatada, nem qualquer sinal de recidiva do câncer. Em todas as consultas, a paciente realizava exames de sangue para pesquisar sinais laboratoriais de câncer metastático. Todos os exames estavam dentro dos limites normais. As radiografias de tórax e mamografias periódicas também não detectaram qualquer anormalidade.

No segundo ano depois da cirurgia, Susan foi atendida a cada três meses. Sua saúde estava mantida.

A vida de Susan é plena e alegre. Ela praticamente esqueceu que teve câncer um dia.

● ● ●

Capítulo 24

E no Futuro...

Como você já sabe, hoje em dia o câncer é tratado por cirurgia, radioterapia e quimioterapia. Em muitos casos, essas três modalidades são usadas em combinações de duas ou três. Todas essas técnicas são eficazes nas condições adequadas, mas também estão associadas a alguns problemas. Todas as três podem eliminar as células cancerosas, mas também lesam ou destroem as células e os tecidos normais do corpo. Por exemplo, a remoção cirúrgica de um órgão pode eliminar o câncer, mas o paciente perderá as funções desse componente do corpo. Da mesma forma, a radioterapia é capaz de destruir as células cancerosas contra as quais é dirigida, mas nesse tratamento os tecidos normais da região também serão lesados. Por fim, os agentes quimioterápicos podem destruir as células cancerosas, mas também destroem as células normais, por exemplo as plaquetas e os leucócitos do sangue. Há muitos anos, sabemos que seria extremamente desejável desenvolver um tratamento que pudesse atingir unicamente as células cancerosas, evitando a lesão dos componentes celulares normais do corpo. Em todo o mundo, os pesquisadores da área do câncer estão trabalhando incansavelmente para concretizar esse objetivo teórico. Foram publicados alguns estudos interessantes, indicando que essa meta seja exeqüível.

Um método experimental é interferir com a irrigação sangüínea do câncer em desenvolvimento. Essa abordagem é conhecida como anti-angiogênese.

Outra técnica é usar a terapia genética, desenvolvendo vírus aos quais foram "acrescentados" genes supressores tumorais, que podem entrar na célula cancerosa e bloquear sua reprodução.

Outros cientistas estão desenvolvendo anticorpos monoclonais, que são agentes imunológicos sintetizados especificamente que, assim como uma "bomba inteligente", atacam unicamente as proteínas da superfície das células cancerosas. Esses anticorpos podem ser acoplados às toxinas radioativas ou químicas, que são capazes de destruir a célula neoplásica.

Há muitos anos, alguns estudos demonstraram que as células cancerosas possuem a capacidade de induzir a formação de vasos sangüíneos novos. Esse processo é conhecido como neovascularização, ou seja, desenvolvimento de vasos sangüíneos novos. Nos primeiros anos da década de 50, Algire demonstrou que, quando os tumores benignos eram envolvidos por uma câmara de difusão semipermeável e em seguida colocados na cavidade abdominal de um camundongo, as células normais ou benignas não produziam vasos sangüíneos novos no abdome do animal. Por outro lado, as câmaras de difusão contendo células malignas induziam a formação de vasos sangüíneos abundantes no hospedeiro animal. A hipótese desse pesquisador era de que haveria algum fator produzido pelas células cancerosas, que se difundia pela membrana e estimulava a neovascularização. Esse efeito era conseguido sem o contato celular direto entre as células cancerosas e normais presentes na câmara e as células do animal em que estavam vivendo.

Judah Folkman liderou uma equipe, que incluía os pesquisadores Michael O'Reilly e Yuen Shing, para estudar o processo da angiogênese. Esses cientistas acreditavam que o desenvolvimento de uma irrigação sangüínea rica, nova e ininterrupta era essencial à proliferação e progressão dos tumores em estágio inicial. Eles isolaram uma proteína de um tumor de rato — fator angiogênico —, que estimula o crescimento dos vasos sangüíneos de pequeno calibre, conhecidos como capilares. Essa irrigação sangüínea abundante era essencial para o crescimento ininterrupto do tumor. Hoje em dia, são conhecidos mais de doze fatores que estimulam a angiogênese.

Além disto, o grupo de Folkman descobriu um fungo denominado fumigilina, que interrompia o desenvolvimento desses vasos sangüíneos capilares. Quando essa substância era injetada em camundongos portadores de tumores, o crescimento desses cânceres era retardado significativamente. A partir de então, foram descobertos alguns fatores anti-angiogênicos, inclusive o fármaco talidomida, que produziu anomalias fetais devastadoras na década de 60, antes de ter seu uso banido. Provavelmente, a talidomida produzia seus efeitos terríveis nos braços e nas pernas dos fetos interferindo com o desenvolvimento dos vasos sangüíneos novos.

Mais tarde, foram isoladas duas proteínas conhecidas como angiostatina e endostatina. Essas duas proteínas bloqueiam a proliferação dos vasos sangüíneos. Nos camundongos, elas conseguiram reduzir tumores volumosos até atingir volumes insignificantes em poucos dias. Juntas, essas proteínas curaram o câncer desses animais. Ainda em experiências com animais, as informações preliminares sugerem que esses fármacos sejam menos tóxicos para o receptor, do que os agentes quimioterápicos convencionais. Em termos mais simples, o bloqueio da proliferação dos vasos sangüíneos que circundam o câncer interrompe seu crescimento e/ou leva à sua destruição. Além disto, por reduzirem a irrigação sangüínea em torno do tumor primário, esses agentes limitam a capacidade de produzir metástases — processo que foi descrito no Capítulo 2.

Uma estratégia semelhante está sendo desenvolvida na Universidade da Califórnia, em Los Angeles, onde cientistas estudam um fator de crescimento especializado denominado FCEV (fator de crescimento do endotélio vascular). Esses pesquisadores sintetizaram uma molécula que compete com a ligação ao receptor da célula vascular e bloqueia o acesso do FCEV ao leito vascular do tumor. Isso impede a proliferação da irrigação sangüínea do câncer e interrompe seu crescimento. Estudos preliminares realizados com pacientes não detectaram quaisquer efeitos tóxicos significativos com esse fármaco.

Esses estudos laboratoriais são muito interessantes, mas deve ficar bem claro que esses resultados podem ou não se traduzir em intervenções terapêuticas para o câncer humano. Além disto, essas abordagens experimentais não estarão disponíveis nos próximos anos.

Ainda é necessário mais de um ano, para que possam ser realizados os primeiros testes humanos com a endostatina e angiostatina. As pesquisas com outros agentes anti-angiogênicos estão um pouco mais adiantadas, mas também serão necessários pelo menos cinco anos, antes que se possa demonstrar sua eficácia e segurança nos seres humanos.

Uma outra abordagem terapêutica nova e provavelmente importante é o uso dos anticorpos monoclonais dirigidos contra as células cancerosas. Por exemplo, a empresa de biotecnologia Genentech começou a estudar o Her-2/neu, que é um gene localizado em algumas das células do câncer de mama e responsável pela estimulação do crescimento rápido do tumor. Essa empresa desenvolveu um anticorpo monoclonal contra o Her-2/neu, conhecido como Herceptin, que bloqueia esse estímulo para a proliferação das células do câncer de mama.

Outra estratégia é usar a terapia genética para corrigir os genes lesados que causam câncer e suprimir o crescimento tumoral. Os pesquisadores do M.D. Anderson Cancer Center, da Universidade do Texas, têm pesquisado um adenovírus que causa o resfriado comum e ao qual foi acrescentado o gene supressor tumoral p53. Como já foi mencionado, esse gene retarda ou impede o crescimento do câncer e, em seguida, as células sofrem apoptose ou morte celular programada. Esses cientistas pesquisaram a combinação adenovírus/ p53 e demonstraram que 50 por cento dos pacientes com tumores malignos da cabeça e do pescoço tiveram regressão da doença. Além disto, houve poucos efeitos tóxicos associados a esse tratamento.

Esses são apenas alguns exemplos dos diversos estudos inovadores, que estão sendo realizados para descobrir novas formas de tratamento do câncer. O mais provável é que não exista uma "pílula mágica" para a cura do câncer. Contudo, também é provável que, com a combinação dessas estratégias com outras descobertas novas, o arsenal do oncologista seja ampliado significativamente. Com a combinação dessas terapias os benefícios testados e comprovados da cirurgia, radioterapia e quimioterapia, poderão ser conseguidas melhoras significativas para o paciente. Num futuro não muito distante, é muito provável que as combinações dessas abordagens terapêuticas curem grande parte de todos os casos de câncer. Além disto, nos pacientes que não forem curados, a doença será transformada numa condição crônica, como o diabetes, com a qual eles podem conviver por períodos longos mantendo uma boa qualidade de vida.

Apêndice 1

Dietas Para Reduzir Seu Risco de Desenvolver o Câncer

Você pode seguir uma dieta saudável, selecionando os alimentos de acordo com as seguintes recomendações:

LEITE:
2 porções/adultos
4 porções/adolescentes
3 porções/crianças
1 porção equivale a 250 ml
Use leite desnatado ou a 1%, requeijão cremoso, queijos e iogurte de baixa caloria.

CARNES DE BOI, PEIXE E AVES
2 porções
1 porção equivale a 30 g.
Como substitutos para a carne de boi, use carnes de aves como galinha, peru e codorna sem pele, peixe, ervilhas e feijões desidratados. Limite a quantidade de carne de boi, vitela, porco e

carneiro a três ou quatro porções por semana. Mesmo assim, use apenas carnes com pouca gordura.

PÃES & MASSAS
4 porções
½ xícara de massas, cereais e batatas
1 fatia de pão equivale a uma porção
Use produtos fortificados ou enriquecidos com grãos integrais, tais como cereais, pães e farinhas.

FRUTAS & VEGETAIS
4 porções
½ xícara de vegetais cozidos e frutas
½ xícara de vegetais crus e frutas
Use diariamente frutas cítricas e sucos como fonte de vitamina C; e folhas verdes e amarelo-escuras como fonte de vitamina A.

Lembre-se de incluir vários alimentos em sua dieta habitual. Beba 6 a 8 copos de água por dia. É importante limitar a ingestão de gordura em menos de 30 porcento das calorias totais consumidas por dia. A seguir, apresentamos um exemplo de dieta balanceada contendo cerca de 1.600 calorias, com distribuição das calorias como 52 porcento de carboidratos, 20 porcento de proteínas e 28 porcento de gordura.

MENU SUGERIDO	PORÇÕES
Café-da-manhã	
Morangos frescos picados	1 xícara e um quarto
Suco de laranja sem açúcar	½ xícara
Flocos de aveia	¾ de xícara
Torrada de trigo integral	1 fatia
Margarina	1 colher de chá
Leite desnatado	250 ml
Almoço	
Fatias de peru	60 g
Com pão integral	2 fatias
Tomates fatiados com	3 fatias

Alface picado
Melão
Maionese
Leite desnatado

1 xícara
1 colher de sopa
250 mL

Jantar
Linguado fresco com
Molho de mostarda
Arroz cozido
Brotos de brócolos
Salada mista
Mouse de limão
Sobremesa de pêra e kiwi
Pãozinho de mesa
Margarina

90 g

1 xícara
2 talos
2 xícara
2 colheres de sopa
1 média, 1 grande
1 pequeno
1 colher de sopa

Apêndice 2

Serviços de Informações Sobre o Câncer

Alabama: 1-800-292-6201
Alaska: 1-800-638-6070
California:
    From Area Codes(213), (714)
    and (805):1-800-252-9066
Connecticut: 1-800-922-0284
Florida: 1-800-327-7332
Hawaii:
    Oahu: 1-800-524-1234
    Neighbor Islands: Ask operator
    for Enterprise 6702
Illions: 1-800-972-0586
Kentucky: 1-800-432-9321
Maine: 1-800-2250-7034
Maryland: 1-800-492-1444
Massachusetts: 1-800-952-7420
Minnesota: 1-800-582-5262
New Hampshire: 1-800-225-7034

New Jersey:
(Northern) 1-800-223-1000
(Southern) 1-800-523-3586
New York: 1-800-462-7255
New York City: (212) 794-7982
North Carolina: 1-800-672-0943
North Dakota: 1-800-328-5188
Ohio:1-800-282-6522
Pennsylvania: 1-800-822-3963
South Dakota: 1-800-328-5188
Texas: 1-800-392-2040
Vermont: 1-800-225-7034
Washington: 1-800-552-7212
Wisconsin: 1-800-362-8038

Apêndice 3

Departamentos da Sociedade Americana do Câncer

Alabama Division, Inc.
402 Office Park Drive
Suite 300
Birmingham, Alabama 35223
Phone: (205) 879-2242

Alaska Division, Inc.
1343 G Street
Anchorage, Alaska 99501
Phone: (907) 277-8696

Arizona Division, Inc.
634 West Indian School Road
P.O. Box 33187
Phoenix, AZ 85067
Phone: (602) 234-3266

California Division, Inc.
1710 Webster Street
P.O. Box 2061
Oakland, CA 94604
Phone: (415) 893-7900

Colorado Division, Inc.
2255 South Oneida
P.O. Box 24669
Denver, CO 80224
Phone: (303) 758-2030

Connecticut Division, Inc.
Barnes Park South
14 Village Lane
P.O. Box 410
Wallingford, CT 06492
Phone: (203) 265-7161

Delware Division, Inc.
9575 N. Valparaiso
Indianapolis, IN 46268
Phone: (317) 872-4432

Iowa Division, Inc.
Highway # 18 West
P.O. Box 980/ Mason City, IA 50401
Phone: (515) 423-0712

Kansas Division, Inc.
3003 Van Buren Street
Topeka, KS 66611
Phone: (913) 267-0131

Kentucky Division, Inc.
Medical Arts Building
1169 Easternn Parkway
Louisville, KY 40217
Phone: (502) 459-1867

Louisiana Division, Inc.
Masonic Temple Bldg., 7th Floor
333 St. Charles Avenue
New Orleans, LA 70130
Phone: (504) 523-2029

Maine Division, Inc.
Federal and Green Streets
Brunswick, Maine 04011
Phone: (207) 729-3339

Maryland Division, Inc.
1840 York Rd., Suite K-M
P.O. Box 544
Timonium, MD 21093
Phone: (301) 561-4790

Massachusetts Division, Inc.
247 Commonwealth Avenue
Boston, MA 02116
Phone: (617) 267-2650

Michigan Division, Inc.
1205 East Saginaw Street
Lansing, MI 48906
Phone: (517) 371-2920

Minnesota Divison, Inc.
3316 West 66th Street
Minneapolis, Minnesota 55435
Phone: (612) 925-2772

Mississipi Division, Inc.
345 North Mart Plaza
Jackson, MI 39206
Phone: (601) 362-8874

Missouri Division, Inc.
3322 Americam Avenue
P.O. Box 1066
Jefferson City, MO 65102
Phone: (314) 893-4800

Montana Divison, Inc.
2820 First Avenue South
Billings, Montana 59101
Phone: (406) 252-7111

Nebraska Division, Inc.
8502 West Center Road
Omaha, Nebraska 68124
Phone: (402) 393-5800

Nevada Division, Inc.
1325 East Harmon
Las Vegas, NV 89109
Phone: (720)798-6877

New Jersey Divison, Inc.
686 Mast Road
Manchester, NH 03102
Phone: (201) 297-8000

New Mexico Division, Inc.
5800 Lomas Blvd., N.E.
Albuquerque, NW 87110
Phone: (505) 262-2336

New York State Division, Inc.
6725 Lyons Street, P.O. Box 7
East Syracuse, NY 13057
Phone: (315) 437-7025

Long Island Division, Inc.
535 Broad Hollow Road
(Route 110)
Melville, NY 11747
Phone: (516) 420-1111

New York City Division, Inc.
19 West 56th Street
New York, NY 10019
Phone: (212) 586-8700

Queens Division, Inc.
112-25 Queens Boulevard
Forest Hills, NY 11375
Phone: (212) 263-2224

Westchester Division, Inc.
901 North Broadway
White Plains, NY 10603
Phone: (914) 949-4800

North Carolina Division, Inc.
11 South Boylan Avenue
Suite 221 — Raleigh, NC 27603
Phone: (919) 834-8463

North Dakota Division, Inc.
Hotel Graver Annex Bldg.
115 Roberts Street
P.O. Box 426
Fargo, ND 58102
Phone: (701) 232-1385

Ohio Division, Inc.
1375 Euclid Avenue
Suite 312
Cleveland, OH 44115
Phone: (216) 771-6700

Oklahoma Division, Inc.
3800 North Cromwell
Oklahoma City, OK 73112
Phone: (405) 946-5000

Oregon Division, Inc.
0330 S.W. Curry
Portland, OR 97201
Phone: (503) 295-6422

Pennsylvania Division, Inc.
Route 422 & Sipe Avenue
P.O. Box 416
Hershey, PA 17033
Phone: (717) 533-6144

Philadelphia Division, Inc.
1422 Chestnut Sreet
Philadelphia, PA 19102
Phone: (215) 665-2900

Puerto Rico Division, Inc.
(Avenue Domenech 273 Hato Rey,P.R.)
GPO Box 6004
San Juan, Puerto Rico 00936
Phone: (890) 764-2295

Rhode Island Division, Inc.
345 Blackstone Bldv
Providence, RI 02906
Phone: (401) 831-6970

South Carolina Division, Inc.
2422 Devine Street
Columbia, SC 29205
Phone: (803) 256-0245

South Dakota Division, Inc.
1025 North Minnesota Avenue
Hillcrest Plaza
Sioux Falls, SD 57104
Phone: (605) 336-0897

Tennessee Division, Inc.
713 Melpark Drive
Nashville, TN 37204
Phone: (615) 383-1710

Texas Division, Inc.
3834 Spicewood Springs Road
P.O. Box 9863
Austin, TX 78766
Phone: (512) 345-4560

Utah Division, Inc.
610 East South Temple
Salt Lake City, Utah 84102
Phone: (801) 322-0431

Vermont Division, Inc.
13 Loomis Street, Drawer C
Montpelier, VT 05602
Phone: (802) 223-2348

Virginia Divison, Inc.
4240 Park Place Court
P.O. Box 1547
Glen Allen, VA 23060
Phone: (804) 270-0142

Washington Division, Inc.
2120 First Avenue North
Seattle, WA 98109
Phone: (206) 283-1152

West Virginia Division, Inc.
Suite 100
240 Capitol Street
Charleston, WV 25301
Phone: (304) 344-3611

Wisconsin Division, Inc.
615 North Sherman Avenue
P.O. Box 8370
Madison, WI 53708
Phone: (608) 249-0487

Milwaukee Division, Inc.
11401 West Watertown Plant Road
Wauwatosa, WI 53226
Phone: (414) 453-4500

Wyoming Division, Inc.
Indian Hills Center
506 Shoshoni
Cheyenne, Wyoming 82009
Phone: (307) 630-3331

NATIONAL HEADQUARTERS:
AMERICAM CANCER
SOCIETY, INC.
90 PARK AVENUE
NEW YORK N.Y., 10016

Apêndice 4

Centros de Oncologia Geral

ALABAMA
University of Alabama Birmingham
Comprehensive Cancer Center
Lueleen Wallace Tumor Institute
1824 6th Avenue South
Birmingham, Alabama 35294
Phone: (205) 934-5077

CALIFORNIA
University of Southern California
Comprehensive Cancer Center
1441 Eastlake Avenue
Los Angeles, CA 90033-0804
Phone: (213) 224-6416

UCLA — Jonsson Comprehensive
Cancer Center
Louis Factor Health Siences Bldg.
10833 LeConte Avenue
Los Angeles, CA 90024
Phone: (213) 825-5268

CONNECTICUT
Yale Comprehensive Cancer Center
Yale University of Medicine
333 Cedar Street
New Haven, Connecticut 06510
Phone: (203) 785-4095

DISTRICT OF COLUMBIA
Vincent T. Lombardi Cancer
Research Center Georgetown
University Medical Center
3800 Reservoir Road, N.W.
Washington, D.C. 20007
Phone: (202) 625-7721

Howard University Cancer
Research Center
College of Medicine
Departament of Oncology
2041 Georgia Avenue, N.W.
Washington, D.C. 20060
Phone: (202) 636-7697

FLORIDA
Comprehensive Cancer Center for
State of Florida
University of Miami School of
Medicine
1475 N.W. 12th Avenue
Miami, FL 33101
Phone: (305) 545-7707

ILLIONS
Illions Cancer Council
36 South Wabash Avenue,
Suite 700
Chicago, IL 60603
Phone: (312) 346-9813

Northwestern University
 Cancer Center
Suite 700
Chicago, IL 60611
Phone: (312) 266-5250

University of Chicago Cancer
Research Center
950 East 59th Street
Chicago, IL 60637
Phone: (312) 962-6180

University of Illions
Departament of Surgery,
Division of Surgical Oncology
840 South Wood Street
Chicago, IL 60612
Phone: (312) 996-6666

Rush Cancer Center
Suite 820
1725 West Harrison Street
Chicago, IL 606 12
Phone: (312) 942-6028

MARYLAND
Johns Hopkins Oncology Center
600 North Wolfe Street
Baltimore, MD 21205
Phone: (301) 955-8822

MASSACHUSETTS
Dana-Farber Cancer Institute
44Binney Street
Boston, MA 02115
Phone: (617) 732-3555

MICHIGAN
Michigan Cancer Foundation
Meyer L. Prentis Cancer Center
110 East Warren Avenue
Detroit, MI 48201
Phone: (313) 833-0710

MINNESOTA
Mayo Clinic
200 First Street, S.W.
Rochester, Minnesota 55905
Phone: (507) 284-8964

NEW YORK
Columbia University Cancer
Research Center
701 West 168th Street, Rm. 1208
New York, NY 10032
Phone: (212) 694-3647

Memorial Sloan — KetteringCancer
Center
1275 York Avenue
New York, NY 10021
Phone: (212) 794-6561

Roswell Park Memorial Institute
666 Elm Street
Buffalo, NY 14263
Phone: (716) 845-5770

NORTH CAROLINA
Duke Comprehensive Cancer
Center
P.O. Box 3814
Duke university Medical Center
Durham, NC 27710
Phone: (919) 684-2282

OHIO
Ohio State University

Comprehensive Cancer Center
Suite 302
410 West 12th Avenue
Columbus, OH 43210
Phone: (614) 422-5022

PENNSYLVANIA
The Fox Chase Cancer Center
7701 Burholme Avenue
Philadelphia, PA 19111
Phone: (215) 728-2781

University of Pennsylvania
Cancer Center
3400 Spruce Street
7th Floor, Silverstein Pavilion
Philadelphia, PA 19104
Phone: (215) 662-3910

TEXAS
The University of Texas
System Cancer Center
M.D. Anderson Hospital and
Tumor
Institute
6723 Bertner Avenue
Houston, TX 77030
Phone: (713) 792-6000

WASHINGTON
Fred Hutchinson Cancer Research
Center
1124 Columbia Street
Seattle, WA 98104
Phone: (206) 292-2930 or 292-7545

WISCONSIN
Wisconsin Clinical Cancer Center
University of Wisconsin
Department of Human Oncology
600 Highland Avenue
Madison, Winsconsin 53792

Apêndice 5

Programas de Câncer Reconhecidos

ALABAMA
Birmingham
   AMI Brockwood Medical Center
   Baptist Medical Center — Montclair
   Baptist Medical Center — Princeton
   Carraway Methodist Medical Ctr.
   St. Vicent's Hospital
   University of Alabama Hospitals
   Veterans Administration Mdical Center
Gadsden
   Baptist Memorial Hospital
Mobile
   Mobile Infirmary Medical Center
   University of South Alabama Medical Center
Selma
   Selma Medical Center
Tuskegee
   Veterans Administration Medical Center

ALASKA
Fairbanks
   Fairbanks Memorial Hospital

ARIZONA
Mesa
   Desert Samaritan Hospital
   Mesa Lutheran Hospital
Phoenix
   Good Samaritan Medical Center
   Maricopa Medical Center

Phoenix Memorial Hospital
Veterans Administration
Meddical
Center
Scottsdale
Scottsdale Memorial Hospital
Tucson
Tucson Medical Center
University Medical Center

ARKANSAS
Fayettevile
Washington Regional Medical
Center
Fort Smit
Sparks Regional Medical Center
St. Edward Mercy Medical
Center
Little Rock
Jonh L. McClellan Memorial
Veterans Hospital
St. Vincent Infirmary
University Hospital of
Arkansas
Rogers
St. Mary-Rogers Memorial
Hospital

CALIFORNIA
Alhambra
Alhambra Community Hospital
Anaheim
Anaheim Memorial Hospital
Humana Hospital-West
Anahein
Martin Luther Hospital Medical
Center
Apple Valley
St. Mary Desert Valley Hospital
Arcadia
Methodist Hospital of Southern
California
Bakersfield
Kern Medical Center
San Joaquim Community
Hospital
Bellflower
Bellwood General Hospital
Kaiser Foundation Hospital
(RCS)
Berkeley
Alta Bates Hospital
Herrick Hospital & Health
Center Burbank
Burbank
St. Joseph Medical Center
Burlingame
Peninsula Hospital & Medical
Center
Castro Valley
Eden Hospital Medical Center
Chico
N.T. Enloe Memorial Hospital
Concord
Mount Diablo Hospital
Medical Center
Covina
Inter-Community Medical
Center
Daly City
Seton Medical Center
Downey
Downey Community Hospital
Duarte
City of Hope National Medical
Center
Encino
Encino Hospital
Escondido
Palomar Memorial Hospital
Fontana
Kaiser Foundation Hospital
(SIE)
Fountain Valley
Fountain Valley Regional
Medical Center

Fresno
    Fresno Community Hospital & Medical Center
    St. Agnes Hospital & Medical Center
    Valley Children's Hospital
    Veterans Administration Medical Center
Fullerton
    St. Jude Hospital-Fullerton
Glendale
    Glendale Adventist Medical Center
    Glendale Memorial Hospital & Health Center
Glendora
    AMI Glendora Community Hospital
    Foothill Presbyterian Hospital
Granada Hills
    Granada Hills Community Hospital
Harbor City
    Bay Harbor Hospital
    Kaiser Foundation Hospital (VER)
Hawthorne
    Robert F. Kennedy Medical Center
Indio
    John F. Kennedy Memorial Hospital
Inglewood
    Centinel Hospital Medical Center
    Daniel Freeman Memorial Hospital
La Jolla
    Green Hospital of Scripps College
    Scripps Memorial Hospital — La Jolla
La Mesa
    Grossmont District Hospital
La Palma
    La Palma Intercommunity Hospital
Laguna Hills
    Saddleback Hospital & Health Center
Lakewood
    Doctors Hospital of Lakewood-South St.
Loma Linda
    Loma Linda University Medical Center
Long Beach
    Long Beach Community Hospital
    Memorial Medical Center
    St. Mary Medical Center
    Veterans Administration Medical Center
Los Alamitos
    Los Alamitos Medical Center
Los Angeles
    California Medical Center-L.A.
    Cedars-Sinai Medical Center
    Children's Hospital of Los Angeles
    Cigna Hospital of Los Angeles
    Hollywood Presbyterian Medical Center
    Hospital of the Good Samaritan
    Kaiser Foundation Hospital (CAD)
    Kaiser Foundation Hospital (SUN)
    Los Angeles Country-USC Medical Center
    Martin Luter King Jr. General Hospital
    Orthopedic Hospital
    Queen of Angels Medical Center

Santa Marta Hospital
St. Vincent Medical Center
University of California at Los Angeles Medical Center
USC-Kenneth Norris Jr. Cancer Hospital
White Memorial Medical Center

Martinez
Veterans Administration Medical Center

Mission Viejo
Mission Hospital Regional Medical Center

Modesto
Memorial Hospitals Association

Montebello
Beverly Hospital

Monterey Park
Garfield Medical Center
Monterey Park Hospital

Napa
Napa State Hospital
Queen of the Valley Hospital

National City
Paradise Valley Hospital

Newport Beach
Hoag Memorial Hospital Presbyterian

Northridge
Northridge Hospital Medical Center

Oakland
Naval Hospital
Samuel Merritt Hospital

Oceanside
Children's Hospital of Orange
St. Joseph Hospital
University Of California Irvine Medical Center

Oxnard
St. John's Hospital Regional Medical Center

Palm Sprigs
Desert HOSPITAL

Palo Alto
Veterans Administration Medical Center

Panorama City
Kaiser FoundationmHospital (CAN)

Pasadena
Huntington Memorial Hospital
St. Luke Medical Center

Ponoma
Ponoma Valley Community Hospital

Poway
Pomerado Hospital

Rancho Mirage
Eisenhower Medical Center

Redding
Merdy Medical Center

Redlands
Redlands Community Hospital

Redondo Beach
AMI South Bay Hospital

Redwood City
Sequoia Hospital District

Riverside
Parkview Community Hospital
Riverside Community Hospital

Sacramento
Mercy Hospital of Sacramento
Sutter Community Hospitals
University of California-Davis Medical Center

San Bernardino
San Bernardino Community Hospital
San Bernadino Country Medical Center
St. Bernadine Medical Center

San Clemente
San Clemente General Hospital

San Diego
Children's Hospital & Health Center

Kaiser Foundation Hospital (ZIO)
Naval Hospital
Sharp Memorial Hospital
University of California — San Diego Medical Center

San Dimas
AMI San Dimas Community Hospital

San Francisco
Children's Hospital of San Francisco
French Hospital
Letterman Army Medical Center
Marshal Hale Memorial Hospital
Mount Zion Hospital & Medical Center
Pacific Presbyterian Medical Center
Ralph K. Davies Medical Center
St. Francis Memorial Hospital
St. Luke's Hospital
St. Mary's Hospitl & Medical Center
University of California-San Francisco Medical Center

San Gabriel
San Gabriel Valley Medical Center

San Jose
Good Samaritam Hospital
O'Connor Hospital
San Jose Hospital
Santa Clara Valley Medical Center

San Plabo
Brookside Hospital

San Pedro
San Pedro Peninsula Hospital

San Rafael
Marin General Hospital

Santa Ana
Western Medical Center

Santa Barbara
Goleta Valley Community Hospital
Santa Barbara Cottage Hospital
St. Francis Hospital of Santa Brabara

Santa Cruz
Dominican Santa Cruz Hospital

Santa Monica
Santa Monica Hospital medical Center

South Laguna
South Coast Medical Center

Stockton
Dameron Hospital
St. Joseph's Medical Center

Tarzana
AMI Tarzana Regional Medical Center

Thousand Oaks
Los Robles Regional Medical Center

Torrance
LAC-Harbor-University of California at LAMC
Little Company of Mary Hospital
Torrance Memorial Hospital Medical Center

Travis Air Force Base
David Grant U.S. Air Force Medical Center

Upland
San Antonio Community Hospital

Van Nuys
Valley Presbyterian Hospital

Victorville
Victor Valley Community Hospital

Visala
 Kaweah Delta District Hospital
Walnut Creek
 John Muir Memorial Hospital
West Covina
 Queen of the Valley Hospital
Whittier
 Presbyterian Intercommunty Hospital

COLORADO
Aurora
 Fitzsimons Army Medical Center
Colorado Springs
 Penrose Hospitals
Denver
 AMI Presbyterian Denver Hospital
 AMI St. Luke's Hospital
 Porter Memorial Hospital
 Rose Medical Center
 St. Joseph Hospital
 University Hospital
 Veterans Administration Medical Center
Englewood
 Swedish Medical Center
Fort Carson
 U.S. Army Community Hospital
Fort Collins
 Poudre Valley Hospital
Greeley
 North Colorado Medical Center
Lakewood
 AMC Cancer Research Center
Longmont
 Longmont Unites Hospital
Montrose
 Montrose Memorial Hospital
Pueblo
St. Mary-Corwin Hospital
Wheat Ridge
 Lutheran Medical Center

CONNECTICUT
Bridgeport
 Bridgeport Hospital
 Park City Hospital
 St. Vincent's Medical Center
Bristol
 Bristol Hospital
Danbury
 Danbury Hospital
Derby
 Griffin Hospital
Farmington
 John Dempsey Hospital
 University of Connecticut
Greenwich
 Greenwich Hospital
Hartford
 Hartford Hospital
 Mount Sinai Hospital
 St. Francis Hospital & Medical Center
Meriden
 Meriden-Wallingford Hospital
Middletown
 Middlesex Memorial Hospital
New Haven
 Hospital of St. Raphael
 Yale-New Hospital
Norwalk
 Norwalk Hospital
Sharon
 Sharon Hospital
Stamford
 St. Joseph Medical Center
 Stamford Hospital
Torrington
 Charlotte Hungerford Hospital
Waterbury
 St. Mary's Hospital
 Waterbury Hospital

DELAWARE
Dover
 Kent General Hospital

Lewes
  Beebe Hospital of Sussex County
Wilmington
  Medical Center of Delaware
  St. Francis Hospital

DISTRICT OF COLUMBIA
Washington, D.C.
  Georgetown University Medical Center
  Greater Southeast Community Hospital
  Howard University Hospital
  Veterans Administration Medical Center
  Wwalter Reed Army Medical Center
  Washington Hospital Center

FLORIDA
Boca Raton
  Boca Raton Community Hospital
Bradenton
  Manatee Memorial Hospital
Clearwater
  Morton F. Plant Hospital
Daytona Beach
  Halifax Hospital Medical Center
Dunedin
  Mease Hospital Dunedin
Fort Lauderdale
  Broward General Medical Center
Fort Meyers
  Lee Memorial Hospital
  Southwest Florida Regional Medical Center
Gainesville
  Shands Hospital at th University of Florida
Jacksonville
  Jacksonville Wolfson Childrens Hospital
  Naval
  Naval Hospital
  St. Vincent's Medical Center
  University Hospital of Jacksonville
Largo
  HCA Largo Medical Center Hospital
Miami
  Baptist Hospital of Miami
  Cedars Medical Center Hospital
  James M. Jackson Memorial Hospital
  North Shore Medical Center
Naples
  Naples Communitty Hospital
Ocala
  Marion Community Hospital
  Munroe Regional Medical Center
Orlando
  Orlando Regional Medical Center
Pensacola
  Baptist Hospital
  Naval Hospital
  Sacred Heart Hospital of Pensacola
  West Florida Medical Center
South Miami
  South Miami Hospiatal
St. Petersburg
  Bayfront Medical Center
Stuart
  Martin Memorial Hospital
Tallahassee
  Tallahassee Memorial Regional Medical Center
Tampa
  St. Joseph's Hospital

Ttampa General Hospital
University Community Hospital

GEORGIA
Americus
　Sumter Regional Hospital
Atlanta
　Crawford Long Hospital of
　Emory University
　Emory University Hospital
　Georgia Baptist Medical Center
　HCA West Paces Ferry
　Hospital
　Northside Hospital
　Piedmont Hospital
Augusta
　Medical College of Georgia
　Hospital
　University Hospital
Austell
　Cobb General Hospital
Columbus
　Medical Center
Conyers
　Rockdale Hospital
Dalton
　Hamilton Medical Center
Decatur
　Dekalb General Hospital
　Veterans Administration
　Medical Center Atlanta
Dublin
　Fairview Park Hospital
East Point
　South Fulton Hospital
Fort Benning
　Marty Army Community
　Hospital
Fort Gordon
　Dwigth D. Eisenhower Army
　Medical Center
Gainesville
　Northeast Georgia

Jesup
　Wayne Memorial Hospital
La Grange
　West Georgia Medical Center
Marietta
　Kennestone Hospital
Rome
　Floyd Medical Center
Savannah
　Memorial Medical Center
Snellville
　Humana Hospital-Gwinnett
Statesboro
　Bulloch Memorial Hospital
Valdosta
　South Georgia Medical Center

HAWAII
Honolulu
　Kaiser Foundation Hospital
　Kuakini Medical Center
　Quenn's Medical Center
　St. Francis Medical Center
　Straub Clinic and Hospital
　Tripler Army Medical Center
Lihue
　G.N. Wilcox Memorial Hospital
Wailuku
　Maui Memorial Hospital
Waimea
　Kauai Veterans Memorial
　Hospital

IDAHO
Blackfoot
　Bingham memorial Hospital
Boise
　St. Alphonsus Regional
　Medical Center
　St. Luke's Regional Medical
　Center
Burley
　Cassia Memorial Hospital &
　Medical Center

Lewiston
    St. Joseph Regional Medical Center
Nampa
    Mercy Medical Center
Pocatello
    Bannock Regional Medical Center
    Pocatello Regional Medical Center
Twin Falls
    Magic Valley Regional Medical Center

ILLINOIS
Arlington Heights
    Northwest Community Hospital
Aurora
    Copley Memorial Hospital
    Mercy Center for Health Care Service
Barrington
    Good Shepherd Hospital
Belleville
    Memorial Hospital
    St. Elizabeth's Hospital
Berwyn
    MacNeal Hospital
Blue Sland
    St. Francis Hospital
Carbondale
    Memorial Hospital
Centralia
    St. Mary's Hospital
Champaign
    Burnham Hospital
Chicago
    Central Community Hospital
    Children's Memorial Hospital
    Columbus Hospital
    Cook County Hospital
    Franklin Boulevard Community Hospital
    Grant Hospital of Chicago
    Holy Cross Hospital
    Illinois Masonic Medical Center
    Jackson Park Hospital
    John F. Kennedy Medical Center
    Louis A. Weiss Memorial Hospital
    Lutheran General Hospital-Lincoln Park
    Mary Thompson Hospital
    Mercy Hospital & Medical Center
    Methodist Hospital of Chicago
    Michael Reese Hospital & Medical Center
    Mount Sinai Hospital Medical Center
    Northwestern Memorial Hospital
    Ravenswood Hospital Medical Center
    Resurrection Hospital
        Rush-Presbyterian-St. Luke's Medical Center
    St. Elizabeth's Hospital
    St. Mary of Nazareth Hospital Center
        Swedish Covenant Hospital
        University of Chicago Hospital
        University of Illinois Hospital
        Veterans Administration West Side Medical Center
Chicago Heights
    St. James Hospital Medical Center
Dannville
    Lakeview Medical Center
    St. Elizabeth Hospital
De Kalb
    Kishwaukee Community Hospital
Decatur
    Decatur Memorial Hospital
    St. Mary's Hospital

Des Plaines
   Holy Family Hospital
Dixon
   Katherine Shaw Bethea
   Hospital
Downers Grove
   Good Samaritan Hospital
Effingham
   St. Anthony's Memorial
   Hospital
Elgin
   Sherman Hospital
   St. Joseph Hospital
Elk Grove Village
   Alexian Brothers Medical
   Center
Elmhurts
   Elmhurts Memorial Hospital
Evanston
   Evanston Hospital
   St. Francis Hospital
Evergreen Park
   Little Company of Mary
   Hospital
Galesburg
   St. Mary's Hospital
Granite City
   St. Elizabeth Medical Center
Great Lakes
   Naval Hospital
Harvey
   Ingalls Memorial Hospital
Hazel Crest
   South Suburban Hospital
Highland Park
   Highland Park Hospital
Hinsdale
   Hinsdale Hospital
Joliet
   Silver Cross Hospital
   St. Joseph Medical Center
Kankakee
   St. Mary's Hospital of
   Kankakee

La Grange
   La Grange Memorial Hospital
Lake Forest
   Lake Forest Hospital
Libertyville
   Condell Memorial Hospital
Macomb
   McDonough District Hospital
Maywood
   Foster G. McGraw Hospital
McHenry
   Northern Illinois Medical
   Center
Moline
   Lutheran Hospital
Morris
   Morris Hospital
Mount Vernon
   Good Samaritan Hospital
Naperville
   Edward Hospital
Oak Lawn
   Christ Hospital & Medical
   Center
Oak Park
   West Suburban Medical Center
Olney
   Richland Memorial Hospital
Park Ridge
   Lutheran General Hospital
Peoria
   Methodist Medical Center of
   Illinois
   St. Francis Medical Center
Pontiac
   St. James Hospital
Quincy
   Blessing Hospital
   St. Mary Hospital
Rockford
   Rockford Memorial Hospital
   St. Anthony Medical Center
   Swedish-American Hospital

Skokie
  Rush North Shore Medical Center
Springfield
  Memorial Medical Center
  St. John's Hospital
Sterling
  Community General Hospital
Ureana
  Carle Foundation Hospital
  Mercy Hospital
Waukegan
  St. Therese Medical Center
  Victory Memorial
Winfield
  Central DuPage Hospital
Zion
  American International Hospital

INDIANA
Bluffton
  Caylor-Nickel Hospital
Columbus
  Bartholomew County Hospital
Evansville
  Deaconess Hospital
  St. Mary's Medical Center
  Welborn Memorial Baptist Hospital
Gary
  Methodist Hospital of Northwest Indiana
Hammond
  St. Margaret Hospital
Indianapolis
  Community Hospital of Indiana
  St. Vincent Hospital
Lafayette
  St. Elizabeth Hospital Medical Center
New Albany
  Floyd memorial Hospital
South Bend
  Memorial Hospital of South Bend
  St. Joseph's Medical Center
Terre Haute
  Terre Haute Regional
  Union Hospital
Vincennes
  Good Samaritan Hospital

IOWA
Des Moines
  Iowa Methodist Medical Center
  Mercy Hospital Medical Center
  Veterans Administration Medical Center
Iowa City
  University of Iowa Hospitals
Mason City
  North Iowa Medical Center
  St. Joseph Mercy Hospital
Sioux City
  Marian Health Center
  St. Luke's Regional Medical Center

KANSAS
Fort Riley
  Irwin Army Community Hospital
Hays
  Hadley Regional Medical Center
  St. Anthony Hospital
Kansas City
  Bethany Madical Center
  Providence-St. Margaret Health
  University of Kansas Hospital
Shawnee Mission
  Shawnee Mission Medical Center
Topeka
  St. Francis Hospital & Medical Center

Wichita
   HCA Wesley Medical Center
   St.Francis Regional Medical Ctr.
   St. Joseph Medical Center

KENTUCKY
Fort Campbell
   Col. F. A. Blanchfield Army Community Hospital
Fort Thomas
   St.Luke Hospital
Lexington
   Central Baptist Hospital
   Good Samaritan Hospital
   University Hospital
Louisville
   Baptist Hospital East
   Baptist Hospital Highlands
   Humana Hospital-University
   Kosair/Children's Hospital
   Norton Hospital
   Veterans Administration Medical Center
Madisonville
   Regional Medical Center

LOUISIANA
Alexandria
   Rapides General Hospital
   St. Frances Cabrini Hospital
Lafayette
   University Medical Center
Lake Charles
   St. Patrick Hospital
New Orleans
   Charity Hospital of New Orleans
   Ochsner Foundation Hospital
   Touro Infirmary
   Veterans Administration Medical Center

MAINE
Augusta
   Kennebec Valley Medical Center
Bangor
   Eastern Maine Medical Center
Lewiston
   Central Maine Medical Center
   St. Mary's General Hospital
Portland
   Maine Medical Center
Rockland
   Penobscot Bay Medical Center
Rumford
   Rumford Community Hospital
Skowhegan
   Redington-Fairview General Hospital
Togus
   Veterans Administration Medical Center
Waterville
   Mid-Maine Medical Center

MARYLAND
Annapolis
   Anne Arundel General Hospital
Baltimore
   Johns Hopkins Hospital
   Sinai Hospital of Baltimore
   St. Agnes Hospital
   University of Mayland Medical Systems
Bethesda
   Naval Hospital
Cumberland
   Sacred Heart Hospital
Frederick
   Frederick Memorial Hospital
Hagerstown
   Wasshinton County Hospital
Olney
   Montgomery General Hospital
Salisbury
   Peninsula General Hospital Medical Center

Takona Park
    Washington Adventist
    Hospital

MASSACHUSETTS
Arlington
    Choate-Symmes Health
    Services
Beverly
    Beverly Hospital
Boston
    Boston City Hospital
    Brigham & Women's Hospital
    Carney Hospital
    Children's Hospital
    Faulkner Hospital
    Massachusetts General
    Hospital
    New England Deaconess
    Hospital
    New England Medical Center
    University Hospital
Brighton
    St. Elizabeth's Hospital
    of Boston
Brockton
    Brockton Hospital
    Cardinal Cushing General
    Hospital
Burlington
    Lahey Clinic Hospital
Cambridge
    Mount Auburn Hospital
Chelsea
    Lawrence F. Quigley Memorial
    Hospital
Concord
    Emerson Hospital
Danvers
    Hunt Memorial Hospital
Fall River
    Charlton Memorial Hospital
    St. Anne's Hospital

Framingham
    Framingham Union Hospital
Gloucester
    Addison Gilbert Hospital
Greenfield
    Franklin Medical Center
Holyoke
    Holyoke Hospital
    Providence Hospital
Hyannis
    Cape Cod Hospital
Jamaica Plain
    Veteran's Administration
    Medical Center
Lowell
    Lowell General Hospital
    St. John's Hospital
    St. Joseph's Hospital
Lynn
    Atlanticare Medical Center
Malden
    Malden Hospital
Melrose
    Melrose-Wakefield Hospital
    Association
Natick
    Leonard Morse Hospital
Needham
    Glover memorial Hospital
Newton
    Newton-Wellesley Hospital
Norfolk
    Southwood Community
    Hospital
North Adams
    North Adams Regional Hospital
Northampton
    Cooley Dickenson Hospital
Norwood
    Norwood Hospital
Palmer
    Wing memorial Hospital &
    Medical Center

Pittsfield
    Berkshire Medical Center
Plymouth
    Jordan Hospital
Salem
    Salem Hospital
South Weymouth
    South Shore Hospital
Springfield
    Baystate Medical Center
    Mercy Hospital
Stoneham
    New England Mmemorial
    Hospital
Stoughton
    Goddard Memorial Hospital
Turners Falls
    Farren Memorial Hospital
Waltham
    Waltham Weston Hospital &
    Medical Center
Winchester
    Winchester Hospital
Worcester
    St. Vincent Hospital
University of Massachusetts
    Medical Center
Worcester Memorial Hospital

MICHIGAN
Allen Park
    Veterans Administration
    Medical Center
Ann Arbor
    University of Michigan Medical
    Center
Battle Creek
    Leila Hospital & Health Center
Bay City
    Bay Medical Center
Dearborn
    Oakwood Hospital

Detroit
    Harper-Grace Hospital
    Henry Ford Hospital
Flint
    Hurley Medical Center
    St. Joseph Hospital
Grand Rapids
    Blodgett Memorial Medical
    Center
    Butterworth Hospital
    Fergunson Hospital
    St. Mary's Health Services
Kalamazoo
    Borgess Medical Center
    Bronson Medical Centter
Lansing
    Edward WW. Sparrow Hospital
    St. Lawrence Hospital
Marquette
    Marquette General Hospital
Midland
    Midland Hospital Center
Muskegon
    Hackley Hospital
Petoskey
    Northern Michigan Hospitals
Rochester
    Crittenton Hospital
Royal Oak
    William Beamount Hospital
Saginaw
    St. Mary's Hospital
Southfield
    Providence Hospital
Traverse City
    Munson Medical Center
Warren
    Macomb Hospital Center

MINNESOTA
Fridley
    Unit Medical Center

Grand Rapids
    Itasca Memorial Hospital
Mankato
    Immanuel-St. Joseph's Hospital
Minneapolis
    Abbott-Northwestern Hospital
    Hennepin County Medical Center
    Methodist Hospital
    Metropolitan Medical Center
    Minneapolis Children's Medical Center
    St. Mary;s Hospital Division
    Veterans Administration Medical Center
Moorhead
    St. Angsar Hospital
Robbinsdale
    North Memorial Medical Center
Rochester
    Mayo Clinic
St. Paul
    St. Joseph's Hospital Division
    St. Paul-Ramsey Medical Center

MISSISSIPPI
Biloxi
    Biloxi Medical Center
    Veterans Administration Medical Center
Hattiesburg
    Forrest County General Hospital
    Methodit Hospital of Hattiesburg
Jackson
    Mississippi Baptist Medical Center
    University Hospital
    Veterans Adminitration Medical Center
Keesler Air Force Base
    U.S. Air Force Medical Center-Keesler
Oxford
    Oxford-Lafayette Medical Center
Pascagoula
    Singing River Hospital System
Tupelo
    North Mississippi Medical Center
Vicksburg
    Mercy Regional Medical Center

MISSOURI
Cape Girardeal
    Southeast Missouri Hospital
    St. Francis Medical Center
Chesterfield
    St. Luke's Hospital
Columbia
    AMI Columbia Regional Hospital
    Boone Hospital Center
    Ellis Fischel State Cancer Center
    University of Missouri-Columbia Hospital & Clinic
Fort Leonard Wood
    Gen.Leonard Wood Army Community Hospital
Jefferson City
    Memorial Community Hospital
Joplin
    St.John's Regional Medical Center
Kansas City
    Baptist Medical Center
    Chidren's Mercy Hospital
    Menorah Medical Center
    Research Medical Center
    St. Joseph Health Center of Kansas City
    St. Luke's Hospital
    Trinity Lutheran Hospital

Truman Medical Center-West
Poplar Bluff
　Doctors Regional Medical
　Center
Sikeston
　Missouri Delta Medical Center
Sprinfield
　Lester E. Cox Medical Center
St. Joseph
　Heartland Hospital West
St. Louis
　Barnes Hospital
　Christian Hospitals NE/NW
　Deaconess Hospital
　Jewish Hospital of St. Louis
　St. Anthony's Medical Center
　St.John's Mercy Medical Center
　St. Mary's Health Center
Veterans Administration Medical
　Center-JC Division

MONTANA
Great Falls
　Columbus Hospital

NEBRASKA
Hastings
　Mary Lanning Memorial
　Hospital
Kearney
　Good Samarytan Hospital
Lincon
　Bryan Memorial Hospital
　St. Elizabeth Community Health
　Center
Veterans Administration Medical
　Center
Omaha
　AMI St. Joseph Hospital
　Archbishop Bergan Mercy
　Hospital
　Immanuel Medical Center
　Lutheran Medical Center
　Methodist Hospital
　University Hospital-University
　of Nebraska
Scottsbluff
　West Nebraska General Center

NEVADA
Las Vegas
　Humana Hospital-Sunrise
　University Medical Center of
　Southern Nevada
Reno
　Washoe Medical Center

NEW HAMPSHIRE
Concord
　Concord Hospital
Dover
　Wentworth-Douglass Hospital
Exeter
　Exeter Hospital
Hanover
　Mary Hitchcock Memorial
　Hospital
Keene
　Cheshire Medical Center
Laconia
　Lakes Region General Hospital
Littleton
　Littleton Hospital
Manchester
　Catholic Medical Center
　Elliot Hospital
　Veterans Administration
　Medical Center
Portsmouth
　Portsmouth Regional Hospital
Rochester
　Frisbie Memorial Hospital
Woodsville
　Cottage Hospital

NEW JERSEY
Atlantic City

Atlantic City Medical Center
Belleville
    Clara Maass Medical Center
Camden
    West Jersey
    Hospital, Northeen Division
Denville
    St. Clare's Riverside Medical Center
Dover
    Dover General Hospital & Medical Center
East Orange
    Veterans Ádministration Medical Center
Edison
    John F. Kennedy Medical Center
Elizabeth
    Elizabeth General Medical Center
    St. Elizabeth Hospital
Englewood
    Englewood Hospital
Hackensack
    Hackensack Medical Center
Hackettstown
    Hackettstown Community Hospital
Livingston
    St. Barnabas Medical Center
Long Branch
    Monmouth Medical Center
Montclair
    Mountainside Hospital
Morristown
    Morristown Memorial Hospital
Mount Holly
    Memorial Hospital of Burlington County
Neptune
    Jersey Shore Medical Center
New Brunswick
    Robert Wood Jonhson
    University Hospital
    St. Peter's Medical Center
Newark
    Newark Beth Israel Medical Center
    University Hospital
Newton
    Newton Memorial Center
Orange
    Hospital Center at Orange
Passaic
    Beth Israel Hospital
    General Hospital Center at Passaic
Parterson
    St. Joseph's Hospital & Medical Center
Phillipsburg
    Warren Hospital
Princeton
    Medical Center at Princeton
Red Bank
    Riverview Medical Center
Ridgewood
    Valley Hospital
Somerville
    Somerville Medical Center
Summit
    Overlook Hospital
Sussex
    Wallkill Valley General Hospital
Teaneck
    Holy Name Hospital
Toms River
    Community Memorial Hospital
Trenton
    Mercer Medical Center
    St. Francis Medical Center
Vieland
    Newcomb Medical Center
Westwoold
    Pascack Valley Hospital

NEW MEXICO
Albuquerque
    Lovelace Medical Center
    Presbyterian Hospital
    St. Joseph Health Care Corporation
    University of New Mexico Hospital
    Veterans Administration Medical Center
Santa Fe
    St. Vicent Hospital

NEW YORK
Albany
    Albany Medical Center Hospital
    Veterans Administration Medical Center
Binghamton
    Our Lady of Lourdes Memorial Hospital
    United Health Services
Bronx
    Bronx-Lebanon Hospital Center
    Our Lady of Mercy Medical Center
    Veterans Administration Medical Center
Bonxville
    Lawrence Hospital
Brooklyn
    Brookdale Hospital Medical Center
    Brooklyn Hospital
    Caledonian Hospital
    Coney Island Hospital
    Interfaith Medical Center
    Kings County Hospital Center
    Long Island College Hospital
    Lutheran Medical Center
    Maimonides Medical Center
    Methodis Hospital
    University Hospital of Brooklyn
    Wyckoff Heights Hospital
Buffalo
    Roswell Park Memorial Institute
    Veterans Administration Medical Center
Cooperstown
    Mary Imogene Bassett Hospital
East Meadow
    Nassau County Medical Center
Elmhurst
    City Hospital Center at Elmhurst
    St. Jonhns Queens Hospital-Division of CMC
Elmira
    Arnot-Ogden Memorial Hospital
    St. Joseph's Hospital
Flushing
    Booth Memorial Medical Center
    Flushing Hospital & Medical Center
Forest Hills
    La Guardia Hospital
Glen Cove
    Community Hospital at Glen Cove
Ithaca
    Tompkins Community Hospital
Jamaica
    Jamaica Hospital
    Mary Immaculate Hospital-Division of CMC
    Queens Hospital Center
Jamestown
    Woman's Christian Association Hospital
Manhasset
    North Shore University Hospital
Minecla
    Winthrop-University Hospital

Mount Kisco
    Northen Westchester Hospital
    Center
Mounth Vernon
    Mounth Vernon Hospital
New Hyde Park
    Long Island Jewish Medical
    Center
New Rochelle
    New Rochelle Hospital Medical
    Center
New York
    Bellevue Hospital Center
    Beth Israel Medical Center
    Cabrini Medical Center
    Harlem Hospital Center
    Manhattan EE&T Hospital
    Memorial Hospital for Cancer
    Montefiore Medical Center/
    Moses Division
    New York Infirmary/Beekman
    Downtown Hospital
    Presbyterian Hospital in New
    York City
    St. Vicent's Hospital & Medical
    Center
    Veterans Administration
    Medical Center
Oceanside
    South Nassau Communities
    Hospital
Patchogue
    Brookhaven Memorial Hospital
    Medical Center
Plainview
    Central General Hospital
Port Jefferson
    John T. Mather Memorial
    Hospital
Port Jervis
    Mercy Community Hospital
Poughkeepsie
    Vassar Brothers Hospital
Rochester
    Genesee Hospital
    Highland Hospital of Rochester
    Park Ridge Hospital
    Rochester General Hospital
    Rochester St.Mary's Hospital
Rockville Centre
    Mercy Hospital
Schenectady
    Ellis Hospital
Staten Island
    Bayley Seton Hospital
    St.Vicenty's Medical Center
    State Island Hospital
Stony Brook
    University Hospital, SUNY
Suffern
    Good Smaritan Hospital
Syracuse
    St. Joseph's Hospital Health
    Center
    SUNY Health Science Center
Troy
    Samaritan Hospital
Valhalla
    Westchester County Medical
    Center
Valley Stream
    Franklin General Hospital
Walton
    Delaware Valley Hospital

NORTH CAROLINA
Asheville
    Memorial Mission Hospital
Camp Lejeune
    Naval Hospital
Chapel Hill
    North Carolina Memorial
    Hospital
Durham
    Duke Univesity Hospital
Shelby

Cleveland Memorial Hospital
Valdese
    Valdese General Hospital
Winston-Salem
    North Carolina Baptist Hospital

NORTH DAKOTA
Bismark
    Medcenter One
    St. Alexius Medical Center
Fargo
    Dakota Hospital/Dakota Clinic
    St. John's Hospital
    St. Luke's Hospitals
    Veterans Administration Center
Grand Forks
    United Hospital
Mandan
    Mandan Hospital
Minot
    St. Joseph's Hospital
Rugby
    Good Samaritan Hospital Association
Williston
    Mercy Medical Center & Hospital

OHIO
Akron
    Akron City Hospital
    Akaron General Medical Center
    St. Thomas Hospital Medical Center
Barberton
    Barberton Citizens Hospital
Canton
    Aultman Hospital
    Timken Mercy Medical Center
Chardon
    Geauga Community Hospital
Cincinnati
    Bethesda Oak Hospital
    Children's Hospital Medical Center
    Christ Hospital
    Good Samaritan Hospital
    Jewish Hospital of Cincinnati
    St.Francis-St. George Hospital
    University of Cincinnati Hospital
Cleveland
    Cleveland Clinic Hospital
    Cleveland Metropolitan General Hospital
    Deaconess Hospital of Cleveland
    Huron Road Hospital
    Lutheran Medical Center
    Mouth Sinai Medical Center
    St.Alexis Hospital
    St.Vicent Charity Hospital
    University Hospitals of Cleveland
Columbus
    Children's Hospital
    Grand Medical Center
    Mount Sinai Medical Center
    Ohio State University Hospitals
    Riverside Methodist Hospitals
    St. Antony Medical Center
Dayton
    Good Samaritan Hospital & Health Center
    Miami Valley Hospital
    St. Elizabeth Medical Center
Dover
    Union Hospital
Elyria
    Elyria Memorial Hospital
Gallipolis
    Holzer Medical Center
Kettering
    Kettering Medical Center
Lima
    St. Rita's Medical Center

Lorain
St. Joseph Hospital & Health Center
Marion
Marion General Hospital
Mayfield Heights
Hillcrest Hospital
Medina
Medina Community Hospital
Middleburg Heigthts
Southwest Community Health System & Hospital
Cregon
St. Charles Hospital
Parma
Parma Parma Community General Hospital
Ravenna
Robison Memorial Hospital
Sandusky
Firelands Community Hospital
Providence Hospital
Springfield
Community Hospital of Springfield
Mercy Medical Center
Steubenville
Ohio Valley Hospital
Sylvania
Flowr Memorial Hospital
Toledo
Medical College of Ohio Hospital
St.Vicent Medical Center
Toledo Hospital
Urbana
Mercy Memorial Hospital
Warren
Trumbull Memorial Hospital
Writh-Patterson Air Force Base
U.S. Air Force Medical Center
Xenia
Greene Memorial Hospital

Youngstown
St. Elizebeth Hospital Medical Center
Western Reserve Care Systems
Zanesville
Bethesda Hospital
Good Samaritan Medical Center

OKLAHOMA
Ada
Valley View Regional Hospital
Bartlesville
Jane Philips Episcopal-Memorial Medical Center
Chickasha
Grady Memorial Hospital
Lawton
AMI Southwestern Medical Center
Muskogee
Muskogee Regional Medical Center
Oklahoma City
Baptist Medical Center of Oklahoma
Mercy Health Center
Oklaroma Children's Memorial Hospital
Oklaroma Memorial Center
Presbyterian Hospital
South Community Hospital
St. Antony Hospital
Shattuck
Newman Memorial Hospital
Shawnee
Shawnee Medical Center Hospital
Tulsa
Hillcrest Medical Center
St. Francis Hospital
St. John Medical Center

OREGON
Albany

Albany General Hospital
Bend
   St. Charles Medical Center
Clackamas
   Kaiser Foundation Hospitals-
   NW Region
Corvallis
   Good Samaritan Hospital
Eugene
   Sacred Heart General Hospital
Grants Pass
   Josephine Memorial Hospital
Klamath Falls
   Merle West Medical Center
Medford
   Providence Hospital
   Rogue Valley Memorial
   Hospital
Oregon City
   Williamette Falls Hospital
Pendleton
   St. Antony Hospital
Portland
   Emanuel Hospital & Health
   Center
   Good Samaritan Hospital &
   Medical Center
   Oregon Heath Sciences
   University Hospital
   Portland Adventist Medical
   Center
   St. Vicent Hospital & Medical
   Center
   Veterans Administration
   Medical Center
Roseburg
   Douglas Community Hospital
   Mercy Medical Center
Salem
   Salem Hospital
Tualatin
   Meridian Park Hospital

PENNSYLVANIA
Allentown
   Allentown Hospital
   Lehigh Valley Hospital Center
   Sacred Heart Hospital
Altoona
   Altoona Hospital
   Mercy Hospital
Beaver
   The Medical Center
Bethlehem
   St. Luke's Hospital
Bryn Mawr
   Bryn Mawr Hospital
Chester
   Crozer-Chester Medical Center
Danville
   Geisinger Medical Center
Drexel Hill
   Delaware County Memorial
   Hospital
Easton
   Easton Hospital
Erie
   Hamot MedicalCenter
Franklin
   Franklin Regional Medical
   Center
Greensburg
   Westmoreland Hospital
   Greenville Regional Hospital
Hershey
   Pennsylvania State University
   Hospital
Johnstown
   Conemaugh Valley Menorial
   Hospital
Lancaster
   Lancaster General Hospital
   St. Joseph Hospital
Lansdale
   North Penn Hospital

Latrobe
    Latrobe Area Hospital
Lewistown
    Lewistown Hospital
Natrona Heights
    Allegheny Valley Hospital
New Castle
    Jameson Memorial Hospital
Norristown Montgomery Hospital
    Sacred Heart Hospital
Paoli
    Paoli Memorial Hospital
Philadelphia
    AEMC Mount Sinai-Daroff Division
    AEMC North Division
    American Oncologic Hospital
    Childrens Hospital of Philadelphia
    Epicospal Hospital
    Graduate Hospital
    Hahnemann University Hospital
    Hospital of the Medical Center College of Pennsylvannia
    Jeanes Hospital
    Mercy Catholic Medical Center
    Northeastern Hospital of Philadelphia
    Pennsylvannia Hospital
    Temple Jefferson University Hospital
    Thomas Jefferson University Hospital
Pittsburgh
    Allegheny General Hospital
    Children's Hospital of Pittsburgh
    Eye annd Ear Hospital of Pittsburgh
    Magee-Women's Hospital
    Mercy Hospital of Pittsburgh
    Presbyterian-University Hospital
    St. Francis Medical Center
Pottstown
    Pottstown Memorial Medical Center
Pottsville
    Pottsville Hospital & Warne Clinic
Quakertown
    Quakertown Community Hospital
Reading
    Community Center Hospital
    Reading Hospital & Medical Center
    St. Joseph Hospital
Sayre
    Robert Packer Hospital
Scranton
    Mercy Hospital of Scranton
    Moses Tayler Hospital
Sellersville
    Grand View Hospital
State College
    Center Community Hospital
Tunkhannock
    Tyler Memorial Hospital
West Chester
    Chester County Hospital
Wilkes-Barre
    Veterans Administration Medical Center
Williamsport
    Divine Providence Hospital
    Williamsport Hospital & Medical Center
York
    York Hospital

PUERTO RICO
Mayaguez
    Mayaguez Medical Center
Ponce

Hospital de Damas
Hospital Onco Andres Grillasca
San German
Hospital de la Concepcion
San Juan
I. Gonzalez Martinez Onco Hospital
University Hospital
Veteranns Administration Medical Center

RHODE ISLAND

Newport
Naval Hospital
Providence
Rhode Island Hospital
Roger Williams General Hospital
Warwick
Kent County Memorial Hospital

SOUTH CAROLINA

Aiken
HCA Aiken Regional Medical Center
Anderson
Anderson Memorial Hospital
Charleston
MUSC Medical Center of University of South Carolina
Columbia
Baptist Medical Center
Richland Memorial Hospital
Wm. Jennings Bryan Dorn Veteran Hospital
Florence
McLeod Regional Medical Center
Fort Jackson
Moncrief Army Community Hospital
Greenville
Greenville Hospital System
Greenwood
Self Memorial Hospital
Orangeburg
Orangeburg-Calhoun Regional Hospital
Spartanburg
Spartanburg Medical Center

SOUTH DAKOTA

Aberdeen
St. Luke's Hospital
Rapid City
Rapid City Rregional Hospital
Sioux Falls
McKennan Hospital
Sioux Valley Hospital
Watertown
Prairie Lakes Hospital East
Prairie Lakes Hospital West
Yankton
Sacred Heart Hospital

TENNESSEE

Bristol
Bristol Memorial Hospital
Chattanooga
Erlange Medical Center
Johnson City
Johnson City Medical Center Hospital
Kingsport
Holston Valley Hospital & Medical Center
Knoxville
East Tennessee Baptist Hospital
Fort Sanders regional Medical Center
University of Tennessee Memorial Hospital
Memphis
Baptist Memorial Hospital
Methodist Hospital Central Uunit

Regional Medical Center at
Memphis
   St. Francis Hospital
   St. Jude Childrens Research
   Hospital
   University of Tennessee
   Medical Center
Millington
   Naval Hospital
Mountain Home
   Veterans Administration
   Medical Center
Nashville
   George W. Hubbard Hospital
Metropolitan Nashville General
   Hospital
Vanderbilt University Hospital

TEXAS
Amarillo
   High Plains Baptist Hospital
   Northwest Texas Hospital
   St. Anthony's Hospital
   Veterans Administration
   Medical Center
Austin
   Holy Cross Hospital
Beaumont
   St. Elizabeth Hospital
Big Spring
   Veterans Administration
   Medical Center
Carswell Air Force Base
   U.S. Air Force Regional
   Hospital
Corpus Christi
   Memorial Medical Center
   Spohn Hospital
Dallas
   Baylor University Medical
   Center
   Methodist Medical Center
   Parkland Memorial Hospital
   Presbyterian Hospital
   St. Paul Medical Center
El Paso
   Providence Memorial Hospital
   R.E. Thomason General
   Hospital
   William Beautmont Army
   Medical Center
Fort Sam Houston
   Brooke Army Medical Center
Galveston
   University of Texas Medical
   Branch Hospital
Harlingen
   Valley Baptist Medical Center
Hereford
   Deaf Smith General Hospital
Houston
   AMI Park Plaza Hospital
   Ben Taub General Hospital
   Methodist Hospital
   St. Joseph Hospital
   University of Texas M.D.
   Anderson Hospital
   Lackland Air Force Base
   Wilford Hall U.S. Air Force
   Medical Center
Lubbock
   Highland Hospital
   Lubbock General Hospital
   Methodist Hospital
McAllen
   McAllen Medical Center
Midland
   Midland Memorial Hospital
Odessa
   Medical Center Hospital
Pasadena
   HCA Pasadena Bayshore
   Medical Center
Plainview
   Centeral Plains Regional
   Hospital

San Angelo
  Angelo Community Hospital
San Antonio
  Audie L. Murphy Memorial
  Veterans Hospital
  Medical Center Hospital
  Santa Rosa Medical Center
  Southwest Texas Methodist
  Hospital
Temple
  King's Daughters Hospital
  Olin E. Teague Veteran's Center
  Scott And White Memorial
  Hospital
Waco
  Hillcrest Bapstit Medical Center
  Providence Hospital
Wharton
  Gulf Coast Medical Center

UTAH
Murray
  Cottonwood Hospital Medical
  Center
Salt Lake City
  Holy Cross Hospital
  LDS Hospital
  St. Mark's Hospital
  University of Utah Hospital
  Health Science Center
  Veterans Administration
  Medical Center
West Valley City
  Pioneer Valley Hospital

VERMOUT
Bennington
  Southwestern Vermout Medical
  Center
Burlington
  Medical Center Hospital
  of Vermout
Randolph
  Gifford Memorial Hospital

Rutland
  Rutland Regional Medical
  Center

VIRGINIA
Alexandria
  Alexandria Hospital
Arlington
  Arlington Hospital
  HCA Northern Virginia Hospital
Big Stone Gap
  Lonesome Pine Hospital
Charlothtesville
  University of Virginia Hospital
Chesapeake
  Chesapeake General Hospital
Danville
  Memorial Hospital
Fairfax
  Fair Oaks Hospital
Falls Church
  Fairfax Hospital
Fredericksburg
  Mary Washiton Hospital
Hampton
  Veterans Administration
  Medical Center
Harrisonburg
  Rockingham Memorial Hospital
Leesburg
  Loundoun Memorial Hospital
Lynchburg
  Lynchburg General Hospital
  Virginia Baptist Hospital
Manassas
  Prince William Hospital
Martinsville
  Newport News
  Riverside Hospital
Norfolk
  DePaul Hospital
  Sentara Regional Hospital
  Portsmouth General Hospital

Richmond
    Medical College of Virginia
    Hospitals
Salem
    Lewis-Gale Hospital
    Veterans Administration
    Medical Center
Suffolk
    Louise Obici Memorial Hospital
Virginia Beach
    Virginia Beach General Hospital
Winchester
    Winchester Medical Center

WASHINGTON
Aberdeen
    Grays Harbor Community
    Hospital
    St. Joseph Hospital
Anacortes
    Island Hospital
Auburn
    Auburn General Hospital
Bellevue
    Overlake Hospital Medical
    Center
Bellengham
    St. Joseph's Hospital
    St. Luke's General Hospital
Bremerton
    Harrison Memorial
    Naval Hospital
Coupeville
    Whildbey General Hospital
Edmonds
    Stevens Memorial Hospital
Everett
    General Hospital of Everett
    Providence Hospital
Kennewick
    Kennewick General Hospital
Kirkland
    Evergreen Hospital
    Medical Center

Longivew
    St. John's Medical Center
Mount Vernon
    Skagit Valley Hospital &Health
    Center
Olympia
    St. Peter Hospital
Pasco
    Our Lady of Lourdes Health
    Center
Puyallup
    Good Samaritan Community
    Healthcare
Seattle
    Children's Orthopedic Hospital
    Group Health Cooperative
    Central Hospital
    Highline Community Hospital
    Pacific Medical Center
    Providence Medical Center
    Swedish Hospital Medical
    Center
    Virginia Mason Hospital
Sedro Woolley
    United General Hospital
Spokane
    Deaconess Medical Ctr.-
    Spokane
    Holy Family Hospital
    Sacred Heart Medical Center
Tacoma
    Madignan Army Medical center
    St.Joseph Hospital & Health
    Care Center
    Tacoma General Center
Vancouver
    Southwest Washington
    Hospitals
Walla Walla

St.Mary Medical Center
Walla Walla General Hospital
Wenatchee
　Wenatchee Valley Clinic
Yakima
　St.Elizabeth Medical Center

WEST VIRGINIA
Charleston
　Charleston Area Medical
　Center
Clarksburg
　Louis A. Johnson Veterans
　Administration Medical Center
Huntington
　West Virginia University
　Hospital
Parkersburg
　Camden-Clark Memorial
　Hospital
Wheeling
　Ohio Valley Medical Center
　Wheeling Hospital

WISCONSIN
Appleton
　Appleton Medical Center
　St. Elizebeth Hospital
Cudahy
　Trinity Memorial Hospital
Eau Claire
　Luther Hospital
　Sacred Heart Hospital
Fond du Lac
　St. Sgnes Hospital
Green Bay
　St. Vicent Hospital
Janesville
　Mercy Hospital of Janesville
La Crosse
　Lutheran Hospital-La Crosse
　St. Francis Medical Center
Madison
　Meriter Hospital

Marshfield
　Marshfield Clinic/St. Joseph's
Milwaukee
　Clement J. Zablocki Medical Ctr.
　Columbia Hospital
　Good Samaritan Medical Center
　Milwaukee Co. Medical Complex
　Mount Sinai Medical Center
　St. Joseph's Hospital
　St. Luke's Hospital
　St. Michael Hospital
Monroe
　St. Clare Hospital of Monroe
Oshkosh
　Mercy Medical Center
Waukesha
　Waukesha Memorial Hospital
Wausau
　Wausau Hospital Center
West Allis
　West Allis Memorial Hospital

WYOMING
Cheyenne
　De Paul Hospital
　Memorial Hospital of Laramie
　County

Apêndice 6

Associação Brasileira de Instituições Filantrópicas de Combate ao Câncer

Associação Amigos
do Hospital Mário Penna
Instituto João Rezende Alves
Tel.: (031) 299.9901
Fax.: (031) 299.9931
Rua dos Gentios, 1350
Luxemburgo — CEP: 30380-490
Belo Horizonte-MG

Associação Brasileira
de Assistência aos Cancerosos
Hospital Mário Kroeff
Tel.: (021) 290.9090-220.7337
Fax.: (021) 280.7304-220.2858
Cons.: (021) 527.6148
Rua Almirante Barroso n° 6
sala 1802
CEP:20031-005 — Rio de Janeiro-RJ

Associação de Combate
ao Câncer de Goiás
Hospital Araújo Jorge
Tel.: (062) 212.7333
Fax: (062) 224.5513
Rua 239, n°181 — 2° andar —
Setor Universitário
CEP: 74605-060 — Goiânia - GO

Associação de Combate ao Câncer
do Brasil Central
Hospital Hélio Angotti
Tel.: (034) 333.3100
Fax: (034) 332.4133
Rua Governador Valadares, n°122
CEP: 38010-380 — Uberaba - MG

Associação Feminina de Educação
e Combate ao Câncer
Hospital Santa Rita de Cássia
Tel.. (027) 325-8844/ 325.1513
Fax: (027) 325.5498
Av. Marechal Campos, n° 1579
CEP: 29040-091 — Vitória-ES

Associação Feminina de Prevenção
e Combate ao Câncer
de Juiz de Fora — Asconcer
Hospital Maria José Baeta Reis
Tel.: (032) 236.1263
Fax: (032) 236.1992
Av. Independência, nº 3500
Cascatinha
CEP: 360.25-290 — Juiz de Fora-MG

Empresa Pública Ofir Loyola
Tel.: (091) 249.0222/ 249.7519
Fax: (091) 249-5598
Av. Magalhães Barata, nº 299
São Braz
CEP: 66630-040 — Belém-PA

Fundação Antônio Jorge Dino
Hospital Aldenora Bello
Tel.: (098) 231.2181/231.4148
Fax: (098) 231.1776
Rua Seroa da Motta, nº 23
Apeadouro
CEP: 65031-630 - São Luiz-MA

Fundação Antônio Prudente
Hospital A C. Camargo
Tel.: (011) 242.5000
Fax: (011) 277.4259
Rua Prof. Antônio Prudente, nº 211
CEP: 01509-010 — São Paulo - SP

INSTITUTO LUDWIG
Tel.: (011) 270.4922
Fax: (011) 270.7001
Fundação Ary Frauzino
Tel.: (021) 221.6227
Fax: (021) 224.6618
Rua dos Inválidos, nº 212/ 8º andar
CEP: 20231-020
Rio de Janeiro-RJ
CGC: 40.226.946/0001-95

Fundação de Beneficiência
Hospital de Cirurgia

Tel.: (079) 224.7312
Fax: (079) 211.8817
Rua Desemb. Maynard nº 174
CEP: 49055-210 — Aracaju-SE

Fundação Centro de Controle de
Oncologia — FCECON
Tel.: (092) 656-1072/ 656.1211
Fax: (092) 656.4840
Rua Francisco Orellana , nº 215
— D. Pedro I
CEP: 69040-010 — Manaus-AM

Fundação Doutor Amaral Carvalho
Hospital Amaral Carvalho
Tel.: (014) 622.1200
Fax: (014) 622.1846 Telefax: 621.1448
Rua D. Silvério nº150
CEP: 17210-080 — Jáu - SP

Fundação Laureano
Hospital Napoleão Laureano
Tel.: (083) 241.7712/ 241.5858
Fax: (083) 222.0900
Rua Capitão José Pessoa s/n
Jaguaribe
CEP: 58015-170 — João Pessoa-PB

Fundação Pio XII
Hospital São Judas Tadeu
Tel.: (017) 322.8822
Fax: (017) 322.2255
Rua Vinte nº 221
CEP: 14780-070 — Barretos-SP

Instituto Brasileiro de
Controle do Câncer
Hospital João Sampaio Góes
Tel.: (011) 291.6988
Fax: (011) 693.7898

Instituto de Câncer Arnaldo Vieira
de Carvalho
Tel.: (011) 222.7088
Depto. Pessoal: (011) 256.1013
Fax (011) 222.7088 Ramal 229

Rua Cesário Motta Júnior n°112
CEP: 01221-020 — São Paulo - SP

Instituto do Câncer de Londrina
Hospital Prof: Antônio Prudente
Tel.: (043) 330.2600/ 330.3880
Fax: (043) 330.2909
Rua Lucila Ballalai n° 212
CEP: 86015-520 — Londrina-PR

Irmandade de Misericórdia de Taubaté
Hospital Santa Isabel das Clinicas
Tel.: (012) 232.4044
Fax: (012) 232.9343
Av. Tiradentes, n° 280
CEP: 12030.180 — Taubaté - SP

Irmandade Santa Casa de Misericórdia de Porto Alegre
Hospital Santa Rita
Santa Casa
Tel.: (051) 227.4388
Fax: (051) 228.1566
Hospital Sta. Rita
Tel.: (051) 228.1618
Fax: (051) 227.4040
Rua Annes Dias n° 285

Irmandade Santa Casa de Misericórdia São José do Rio Preto
Tel.: (017) 232.3233/ 232.6743
Fax: (017) 233.6110
Rua Dr. Fritz Jacobs, n°1236
CEP:15025.500 — São José
do Rio Preto - SP

Irmandade Senhor Jesus
Dos Pasos e Hospital de Caridade
Tel.: (048) 224.9222/ 223.1721
Fax.: (048) 223.3874
Rua Menino Deus n° 376
CEP: 88020-210 — Florianópolis-SC

Liga Bahiana Contra o Câncer
Hospital Aristides Maltez
Tel.: (071) 356.3099
Telefax.: (017) 356.3090
Rua D. João VI n° 332 — Brotas
CEP: 40285-001 — Salvador - BA

Liga Catarinense de Combate ao Câncer
Tel.: (048) 222.7966
Fax: (048) 222.7966
Caixa Postal: 1431
CEP: 88054-970 Florianópolis - SC

Liga Norte-Riograndense Contra Câncer
Hospital Dr. Luiz Antônio
Tel.: (084) 753.4147
Fax: (084) 753.2862
Rua Mário Negócio n° 2267
Quintas
CEP: 59040-000 — Natal - RN

Liga Paranaense de Combate ao Câncer
Hospital Erasto Gaetner
Tel.: (041) 366.3233
Telefax: (041) 267.7766
Fax: (041) 266.1822
Rua Dr. Ovande do Amaral n° 201
CEP: 81520-060 - PR

Sociedade Pernambucana de Combate ao Câncer
Hospital do Câncer de Pernambuco
Tel.: (081) 423.2088
Fax: (081) 423.6147
Av. Cruz de Cabugá n°1597
CEP: 50040-000 — Recife - PE

Sociedade Piauiense de Combate ao Câncer
Hospital São Marcos
Tel.: (086) 221.6050
Fax: (086) 221.3774/221.3812
Rua Olavo Bilac n° 2300
CEP: 64001-280 — Terezina - PI

Santa casa de Misericórdia
de Belo Horizonte
Tel.: (031) 201.2176/ 238.8119/
201.2417/ 201.2633/ 241.2721/
224.6761
Praça Hugo Werneck, s/n
Caixa Postal: 234
CEP: 30150-300
Belo Horizonte - MG
Hospital Belo Horizonte
Tel.: (031) 442.2200
Fax: (031) 442.0403

Santa Casa de Misericórdia
de Maceió
Tel.: (082) 221.6858
Fax: (082) 221.0060
Diretoria/fax: (082) 221.6232
Rua Barão de Maceió n° 288
CEP: 57020-360 — Maceió - AL

Glossário

A

Adenocarcinoma: câncer que se desenvolve nas glândulas de um órgão, p.ex., mama, estômago.
Adenomatosa, hiperplasia: proliferação benigna das células normais seguindo um padrão glandular.
Adjuvante, radioterapia: tratamento com raios X para aumentar a eficácia terapêutica depois de uma cirurgia.
Alquilante, agente: agente quimioterápico usado para tratar alguns canceres.
Alelos: material genético de um traço específico herdado do pai e da mãe e localizado nos dois componentes de um par de cromossomas.
Amebóide, movimento: movimento ondulante realizado por uma célula.
Analgésico: medicamento para aliviar a dor.
Androgênio: hormônio sexual masculino
Anogenital: referente aos tecidos situados em torno do ânus e da genitália, na região perineal
Angiossarcoma: câncer de tecido conjuntivo com aspectos semelhantes aos vasos sangüíneos.
Anquilosante, espondilite: artrite da coluna vertebral.
Aréola: disco pigmentado de tecido que circunda o mamilo.
Arsênico: metal tóxico. Pode estar presente no solo ou na água. Encontrado em alguns pesticidas.
Assintomático: sem sintomas da doença.
Axila: gânglios e tecidos situados

na região conhecida comumente como sovaco.
Azatioprina: agente citotóxico usado na imunossupressão. O nome comercial é Imuran.

B

Baritado, enema: exame radiográfico do reto e cólon, realizado depois da introdução de uma substância radiopaca (bário).
Basal, célula: célula presente na pele, que se torna cancerosa.
Benigno: tumor que não é câncer.
Benzidina: substância química usada para pesquisar a presença de sangue oculto nas fezes.
Bioensaio: teste para determinar a eficácia de um fármaco realizado em animais.
Biopsia: remoção de tecidos para firmar o diagnóstico histológico.
Hematogênica, disseminação: disseminação do câncer para um local distante pela corrente sangüínea.
Brônquica, árvore: ramificação das vias respiratórias do pulmão.
Oral, mucosa: revestimento interno das bochechas.
Burkitt, linfoma de: câncer dos gânglios linfáticos, que leva o nome do seu descobridor.

C

Calcificações: pedras minúsculas que podem indicar transformação maligna da mama. A maioria das calcificações da mama está associada às alterações benignas.

Carcinógeno: agente que produz câncer.
Caroteno: precursor da vitamina A, encontrado nos vegetais amarelos como cenouras, abóbora e milho.
Ceco: primeira porção dilatada do cólon direito ou ascendente.
Cervical, neoplasia intra-epitelial (NIC): desenvolvimento de células anormais (displásicas) na cérvice uterina. Essas alterações são classificadas em grau 1, 2 ou 3; o grau 3 é o mais significativo.
Cérvice: segmento inferior do útero que se projeta dentro da vagina e tem forma semelhante ao pescoço.
Carcinogênese química: desenvolvimento de câncer devido a uma substância química.
Condrossarcoma: neoplasia maligna dos tecidos frouxos, que se assemelha à cartilagem.
Colite ulcerativa crônica: doença inflamatória do cólon, que predispõe ao câncer.
Cílios: projeções pilosas de algumas células (como as dos brônquios), que produzem movimentos ondulantes para eliminar as substâncias estranhas do corpo.
Cirrose: doença hepática que se desenvolve freqüentemente depois da hepatite virótica ou nos alcoólicos e predispõe ao câncer de fígado.
Carcinoma cloacogênico: câncer da porção mais inferior do intestino, situada entre o reto e ânus.
Colonoscopia: exame do revestimento interno do reto e cólon com um instrumento flexível com iluminação própria.
Células colunares: células retangulares que revestem o epitélio de órgãos como o trato gastrintestinal.

Condiloma acuminado: verrugas venéreas da região anogenital causadas por um vírus.
Corticóides: substâncias hormonais secretadas pelo córtex das glândulas supra-renais, que exercem muitas ações, inclusive a supressão do sistema imune.
Ciclofosfamida: agente quimioterápico usado para destruir células cancerosas e suprimir o sistema imune nos transplantes de órgãos. Nome comercial, Cytoxan.
Citologia: exame microscópico das células para determinar se são cancerosas.

D

Dietilestilbestrol (DES): hormônio sintético com ações estrogênicas, usado comumente em torno da menopausa.
ADN: ácido desoxirribonucléico, base química da hereditariedade, encontrado nos cromossomas. É o portador das informações genéticas.
Displasia: desenvolvimento anormal das células. Em alguns casos, pode progredir para câncer.

E

Êmbolo: coágulo que se desenvolve no sistema vascular e desprende-se, sendo então transportado pela corrente sangüínea até um órgão distante. As células cancerosas podem embolizar.
Endêmica: doença que ocorre continuamente, mas tem incidência estável e causa mortalidade baixa. É o contrário de epidêmica.
Endocervical, canal: canal da cérvice que liga a vagina à parte superior do útero (corpo).
Endométrio: revestimento interno do corpo uterino.
Epidêmica: doença que acomete muitas pessoas ao mesmo tempo.
Epidemiologia: ciência que estuda a incidência e os fatores que causam uma doença ou condição específica.
Epitélio: camada de células que reveste os órgãos como a pele, ou a superfície mucosa do estômago.
Eritema: vermelhidão de um tecido, causada por inflamação ou neoplasia.
Eritroplasia: vermelhidão de uma mucosa, como a do assoalho da boca.
Esofágica, fala: tipo de vocalização que pode ser usada depois da retirada do laringe (caixa sonora). O ar é deglutido para dentro do estômago e, em seguida, expelido para a fonação pelos órgãos orais.
Estrogênio: hormônio sexual feminino.

F

Fibrocística, doença: condição benigna das mamas, caracterizada por cistos e proliferação das células ductais. As formas graves são um fator de risco fraco para câncer de mama.
Fibrossarcoma: câncer da mama, que se origina e assemelha ao tecido conjuntivo fibroso.

Frênulo: prega de mucosa que se estende a linha média do assoalho da boca até a superfície inferior da língua.

G

Gameta: célula reprodutiva masculina ou feminina madura, p.ex., espermatozóide ou óvulo.
Germinativas, mutação das células: alteração da estrutura genética de um gameta, que tem a possibilidade de ser transmitida à prole.
Guaiaco: substância química usada para detectar sangue oculto nas fezes.

H

Hematogênica: disseminação pela corrente sangüínea.
Hepatoma: tumor hepático, benigno ou maligno.
Hodgkin, doença de: um tipo de linfoma ou câncer, que se desenvolve nos gânglios linfáticos.

I

Imunossupressor, agente: fármaco que atenua a resposta imune normal do organismo às células estranhas, p.ex., ciclofosfamida.
Irradiação: aplicação terapêutica dos raios X ou gama para tratar um paciente.
Isótopos: no contexto deste livro, um elemento radioativo usado para diagnosticar ou tratar o câncer.

K

Kaposi, sarcoma de: câncer que se desenvolve inicialmente na pele, mas tem possibilidade de disseminar-se para outros sítios e está relacionado com os estados de imunossupressão, como a AIDS.

L

Leucemia: proliferação cancerosa de qualquer tipo de célula branca (leucócitos).
Nodulectomia: na prática clínica corrente, significa a resseção localizada de um câncer de mama.

M

Maligna, neoplasia: transformação cancerosa dos tecidos.
Melanoma: câncer predominantemente da pele, que geralmente se desenvolve a partir de nevos ou sinais preexistentes.
Melfalan: agente quimioterápico do grupo da mostarda nitrogenada. Nome comercial, Alkeran.
Microinvasivo, carcinoma: foco pequeno no qual as células cancerosas invadiram a membrana basal, sobre a qual repousam. Um dos estágios do carcinoma in situ; significa um câncer num estágio relativamente inicial.
Mieloma múltiplo: câncer com infiltração da medula óssea e dos ossos pelas células do mieloma, que se originam das células precursoras sangüíneas da medula.

Mutagênico: qualquer agente que causa mutações genéticas ou alterações do ADN. Alguns fármacos e agentes físicos (p.ex., radiação ionizante) têm essa capacidade.

N

Neoplasia: proliferação nova e anormal dos tecidos. Um tumor, seja benigno ou maligno.
Nevo: sinal da pele. Pode ser o precursor do melanoma maligno.
Nucleotídeo: composto que constitui a unidade estrutural do ácido nucléico. Fator fundamental da transferência genética.

O

Oncologista: médico especializado no tratamento dos pacientes com câncer.
Oncogene: gene que estimula o crescimento das células. Uma mutação ou alteração de um oncogene pode resultar na proliferação anormal das células, ou câncer.
Orofaringe: parte da garganta situada na parte posterior da boca.
Osteossarcoma: câncer que se desenvolve nos ossos, cujo aspecto microscópico é semelhante ao seu local de origem.

P

Parótida, glândula: um dos três pares de glândula salivares, que secretam enzimas digestivas. A parótida está localizada na face, à frente da orelha.
Papanicolaou, teste de: exame microscópico das células, para detectar uma transição pré-cancerosa ou câncer.
Peritoneal, cavidade: cavidade abdominal recoberta por um tecido membranoso, ou peritôneo.
Fenótipo: aspecto ou constituição física de uma pessoa, p.ex., olhos azuis, grupos sangüíneos A e B, etc.
Pleura: membrana dupla que circunda os pulmões, criando um espaço potencial que pode ser preenchido por sangue, células cancerosas, etc.
Polimorfismo: capacidade de assumir várias formas.

R

Radioisótopo: forma radioativa de um elemento; pode ser usado no diagnóstico e tratamento do câncer.
Radônio: elemento radioativo gasoso, resultante da desintegração do rádio. Presente no solo e pode acumular-se nas minas, residências, etc.

S

Sarcoma: tipo de câncer que se origina dos tecidos conjuntivos do corpo, tais como tecido fibroso, músculo, osso, etc.
Sigmoidoscopia: exame do reto e parte inferior do cólon por um instrumento com luz própria.
Somática, mutação: alteração da estrutura genética das células não-

reprodutivas do corpo, p.ex., pele, ossos, etc.

Escamosa, célula: célula plana que reveste os tecidos como a pele ou ossos.

Estadiamento: descrição da extensão de disseminação de um tumor. Em termos gerais, o câncer no estágio 1 é pequeno e está limitado ao seu órgão de origem e é considerado um tumor "inicial". A doença no estágio 2 está disseminada para gânglios linfáticos adjacentes ou regionais. O estágio 3 descreve um tumor primário volumoso, ou metástases ganglionares extensas. O estágio 4 tem disseminação metastática para órgãos distantes e prognóstico sombrio.

Estroma: tecido conjuntivo que forma um suporte entrelaçado para as células.

T

Timo: glândula localizada no tórax, à frente do coração. Essa glândula é grande nos primeiros dois anos de vida e, em seguida, começa a involuir. O timo desempenha um papel importante no sistema imune, produzindo os linfócitos T (tímicos). A prática antiga de irradiar essa glândula na infância produziu incidências altas de câncer da tireóide.

Traqueostomia: abertura da traquéia ou tubo respiratório do pescoço para possibilitar a respiração livre.

Transcelômica, migração: disseminação do câncer por um espaço celômico, como as cavidades peritoneal e pleural.

V

Vinil, cloreto de: substância química com potencial carcinogênico, p.ex., câncer do pulmão.

Outros Títulos

HOMEOPATIA ILUSTRADA
Autor: *Dr. Edson Credidio*
Formato: 14 x 21 cm
96 páginas — cód. 22362

A cada dia, a Medicina Homeopática vem ganhando mais e mais adeptos. O tratamento exige disciplina, mas em compensação não faz mal a saúde e vai direto às causas do problema.
A obra traz ainda um índice para o tratamento de doenças de A a Z, com os nomes dos medicamentos indicados.

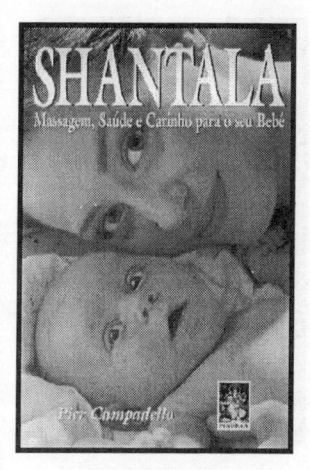

SHANTALA
Massagem, Saúde e Carinho para o Seu Bebê
Autor: *Pier Campadello*
Formato: 14 x 21 cm
ISBN: 85-7374-143-0 — 162 páginas

A intenção desta obra é dar todo o conhecimento necessário para que você mãe, pai ou profissional possam, afetvia e amorosamente, cuidar de seus bebês e de suas crianças — seus pequenos amores.

LIVROS LIVROS LIVROS LIVROS LIVROS LIVROS

Sempre o melhor presente!

PROCURE NA SUA LIVRARIA!

CROMOTERAPIA Para Crianças
O Caminho da Cura
Autor: *Dr. Med Neeresh F. Pagnamenta*
Formato: 14 x 21 cm
ISBN: 85-7374-127-9 - 168 páginas

Em uma linguagem simples e objetiva, repleta de carinho e envolvimento, conceitos e técnicas terapêuticas específicas vão sendo transmitidos e o milagre das cores vai se revelando. Amplamente ilustrado.

MEDICINA POPULAR
Remédios Tradicionais que Funcionam
Autores: *Wendy Rossman e Neil Stevens*
Formato: 14 x 21 cm
ISBN: 85-7374-146-5 - 200 páginas

Neste livro, você vai encontrar a mais vasta coleção já publicada de receitas utilizadas por vários povos para resolver, em casa, os mais variados problemas. Um livro útil e interessante!

Cadastre-se em nossa mala-direta e receba catálogos, lista de preços e informações de lançamentos da sua editora MADRAS.

MADRAS® Editora — CADASTRO/MALA DIRETA

Envie este cadastro preenchido e passará receber informações dos nossos lançamentos, nas áreas que determinar.

Nome _____
Endereço Residencial _____
Bairro _____ Cidade _____
Estado _____ CEP _____ Fone _____
E-mail _____
Sexo ☐ Fem. ☐ Masc. Nascimento _____
Profissão _____ Escolaridade (Nível/curso) _____

Você compra livros:
☐ livrarias ☐ feiras ☐ telefone ☐ reembolso postal
☐ outros: _____

Quais os tipos de literatura que você LÊ:
☐ jurídicos ☐ sociologia ☐ romances ☐ técnicos
☐ esotéricos ☐ psicologia ☐ informática ☐ religiosos
☐ outros: _____

Qual sua opinião a respeito desta obra? _____

Indique amigos que gostariam de receber a MALA DIRETA:
Nome _____
Endereço Residencial _____
Bairro _____ CEP _____ Cidade _____

Nome do LIVRO adquirido: *Como Aumentar Suas Chances Contra o Câncer*

MADRAS Editora Ltda.
Rua Paulo Gonçalves, 88 - Santana - 02403-020 - São Paulo - S.P.
Caixa Postal 12299 - 02098-970 - S.P.
Tel.: (011) 6959.1127 - Fax: (011) 6959.3090
http://www.madras.com.br - e-mail: madras@wm.com.br

Para receber catálogos, lista de preços
e outras informações escreva para:

MADRAS®
Editora

Rua Paulo Gonçalves, 88 — Santana
02403-020 — São Paulo — S.P.
Tel.: (011) 6959.1127 — Fax: (011) 6959.3090
http://www.madras.com.br